AF461769

Cet état de choses laisse évidemment à désirer et il convient de rechercher les améliorations qu'il comporte. Le sort des travailleurs étrangers introduits dans nos colonies doit constamment en effet préoccuper l'Administration et il faut que celle-ci s'applique particulièrement à sauvegarder les intérêts de cette catégorie de travailleurs et à porter à la connaissance des parents résidant à l'étranger les renseignements qu'il peut leur importer de connaître.

Vous voudrez bien à cet effet, Monsieur le Gouverneur, m'envoyer trimestriellement et par catégorie d'origine (Africains, Indiens, Chinois), une liste de décès survenus tant à bord des navires-transports que dans la Colonie, et présentant, d'une façon synoptique, le nom, le sexe, l'âge présumé et le numéro matricule, ainsi que le lieu de naissance (si cela est possible) des immigrants décédés. Mention devra être faite également sur cette liste de tout ce qui sera de nature à intéresser leur succession; ce qui ne dispensera pas de dresser dans la forme habituelle l'état périodique des successions vacantes transmis à mon Département.

Les nouvelles listes dont je réclame l'envoi pourront être communiquées à nos représentants dans les divers lieux de recrutement, et nous serons ainsi à portée de répondre aux demandes d'informations qui pourraient se produire et auxquelles, en l'état actuel des choses, il est absolument impossible de satisfaire.

Recevez, etc.

Le Ministre de la Marine et des colonies,

Comte P. de Chasseloup-Laubat.

N° 1175.— *CIRCULAIRE n° 185, du 5 mai 1862. — (Colonies: — 3e Bureau). — Interprétation du décret du 4 février 1849 sur la solde des magistrats intérimaires.*

Monsieur le Gouverneur,

J'ai été amené récemment à examiner, si, jusqu'à présent, on avait bien interprété, notamment en ce qui touche les juges de paix et greffiers, le texte du décret présidentiel du 4 février 1849 qui règle la solde à allouer aux magistrats intérimaires et dont l'article 3 est ainsi conçu :

« Le magistrat appelé à remplir un intérim autre que celui de Procureur général, ne recevra que le traitement attribué à l'emploi dont il est titulaire. »

« Lorsque l'intérim sera rempli par une personne prise en dehors de la magistrature, le magistrat intérimaire recevra, à titre d'appointements annuels, une somme égale à la moitié du traitement colonial attribué à l'emploi. »

D'après les errements suivis jusqu'ici, les émoluments éventuels n'étant pas considérés comme faisant partie du traitement, les juges de paix. par exemple, chargés d'un intérim, n'avaient droit qu'à leur traitement fixe de juge de paix ; il ne pouvait leur être tenu compte de leurs émoluments variables que par la voie d'indemnités gracieuses, lesquelles veulent être sollicitées et peuvent être refusées.

Or, qu'a entendu le rédacteur du décret de 1849?

D'une part, attribuer au magistrat intérimaire, pris en dehors de la magistrature, une rémunération en rapport avec les services qu'il est appelé à rendre; d'autre part, maintenir le magistrat chargé d'un intérim, dans sa situation antérieure. en ce qui touche les rémunérations attachées à sa charge. Par le mot traitement. il faut ici comprendre l'ensemble des rémunérations résultant des fonctions. D'ailleurs, les émoluments d'un juge de paix ou d'un greffier, forment une partie d'un traitement dont le complément est payé par l'État, à un taux qui, dans le principe, a été fixé en raison même du chiffre du casuel de la charge.

Cette interprétation, logique et équitable, me paraît d'autant plus pouvoir être admise, que déjà et par suite d'une lacune qui existe dans le décret de 1840, lequel ne prévoit pas le cas où le magistrat intérimaire serait pris parmi les fonctionnaires en jouissance d'un traitement mais n'appartenant pas à la magistrature, on a payé aux intérimaires dans ces conditions leurs solde et accessoires de solde.

En conséquence, j'ai décidé sous la date du 10 avril courant, que, pour l'avenir, le traitement à allouer aux juges de paix et greffiers, chargés d'un intérim, comprendra le traitement fixe des fonctions dont ils sont titulaires, et le casuel de leur charge dont le chiffre sera déterminé par vous, au moyen des éléments d'appréciation que l'intéressé vous soumettra par la voie hiérarchique.

Vous me rendrez compte, spécialement, de chaque application que vous aurez à faire des dispositions qui précèdent.

Recevez, etc.

Le Ministre de la Marine et des colonies,

Comte P. DE CHASSELOUP-LAUBAT.

Paris, le 7 juin 1862.

Rapport à l'Empereur.

SIRE,

L'ordonnance du 19 décembre 1827, portant application du Code d'instruction criminelle à l'île de la Réunion, a exclu cette colonie du bénéfice du recours en cassation en matière correctionnelle et criminelle.

Cette exclusion trouvait alors sa justification dans les difficultés et les lenteurs des communications de cette île avec la France.

Le fonctionnement régulier des packets anglais par la voie de Suez, a déjà sensiblement amélioré cette situation. D'ailleurs, la convention passée entre le Département des Finances et la compagnie des services maritimes des Messageries Impériales pour l'exécution du service postal de l'Indo-Chine, permet d'espérer que, dans un délai rapproché, l'échange de nos correspondances avec la Réunion pourra se faire en 28 jours; rien ne s'oppose donc plus à ce que cette colonie soit admise à profiter des dispositions de l'ordonnance du 12 octobre 1828, ouvrant, pour la Martinique et la Guadeloupe, le recours en cassation contre les arrêts rendus par les Cours d'assises et par la Cour Impériale jugeant correctionnellement.

Dans ce but, Sire, et après avoir pris l'avis du Comité consultatif des colonies et de Son Excellence M. le Garde des Sceaux, j'ai l'honneur de prier Votre Majesté de vouloir bien signer le projet de décret ci-joint, qui a été délibéré et adopté par le Conseil d'État dans ses séances des 7 et 15 mai dernier.

Je suis, etc.

Le Ministre Secrétaire d'État de la Marine et des colonies,

Comte P. DE CHASSELOUP-LAUBAT.

N° 1174. — ARRÊTÉ *promulguant le décret qui ouvre le recours en cassation contre les arrêts rendus à la Réunion par les Cours d'assises et la Cour Impériale.*

Du 28 Juillet 1862.

NOUS GOUVERNEUR DE L'ILE DE LA RÉUNION,

Vu l'article 9, § 2, du sénatus-consulte du 3 mai 1854;

Vu l'article 63, § 2, de l'ordonnance organique du 21 août 1825;

Vu la dépêche ministérielle du 23 juin dernier, numérotée 277;

Ensemble le décret impérial du 7 du même mois;

Sur le rapport du Procureur Général,

AVONS ARRÊTÉ ET ARRÊTONS ce qui suit :

Art. 1er. Le décret impérial du 7 juin dernier, sus-visé, qui ouvre le recours en cassation contre les arrêts rendus à l'Ile de la Réunion par les Cours d'assises et par la Cour impériale jugeant correctionnellement, est promulgué dans la Colonie.

2. Le Procureur Général est chargé de l'exécution du présent arrêté, qui sera lu, publié et enregistré partout où besoin sera.

Fait à Saint-Denis, le 28 juillet 1862.

Baron DARRICAU.

Par le Gouverneur :

Le Procureur Général,

JUSTIN BERET.

Enregistré à la Cour le 9 août 1862.

Décret

NAPOLÉON par la grâce de Dieu et la volonté nationale, Empereur des Français,

A tous présents et à venir, salut :

Sur le rapport de notre Ministre secrétaire d'État au Département de la Marine et des colonies;

Vu les ordonnances des 30 septembre et 19 décembre 1827 ;

Vu l'ordonnance du 12 octobre 1828 portant application du Code d'Instruction criminelle aux Antilles ;

Vu l'article 6 du sénatus-consulte du 3 mai 1854;

Vu l'avis du Comité consultatif des colonies du 11 décembre 1861 ;

Vu la lettre de notre Ministre de la Justice du 8 janvier 1861 ;

Notre Conseil d'État entendu,

AVONS DÉCRÉTÉ ET DÉCRÉTONS ce qui suit:

Art. 1er. Le recours en cassation est ouvert contre les arrêts rendus à l'Ile de la Réunion par les Cours d'assises et par la Cour Impériale jugeant correctionnellement.

En conséquence, sont déclarés applicables à cette colonie les articles 216, 262, 298 à 301, 371, 373 et 374, 417 à 431, 432, § 2 et 3, 433 à 439, 441 et 442 de l'ordonnance du 12 octobre 1828, portant application du Code d'Instruction criminelle à la Martinique et à la Guadeloupe.

2. Lorsque la Cour de cassation annulera un arrêt rendu par la Cour impériale jugeant correctionnellement, elle pourra renvoyer le procès et les parties, soit devant la même Cour, mais, composée d'autres juges, soit devant une autre Cour.

3. Lorsque, après une première cassation, le deuxième arrêt sur le fond sera attaqué par les mêmes moyens, il sera procédé ainsi qu'il est prescrit par la loi du 1er avril 1837.

4. Sont et demeurent abrogées toutes les dispositions des ordonnances du 30 septembre et du 19 décembre 1827, qui seraient contraires au présent décret.

5. Notre Ministre secrétaire d'État de la Marine et des colonies est chargé de l'exécution du présent décret, qui sera inséré au *Bulletin des lois*.

Fait au Palais des Tuileries, le 7 juin 1862.

NAPOLÉON.

Par l'Empereur :

Le Ministre Secrétaire d'État de la Marine et des colonies,

Comte P. DE CHASSELOUP-LAUBAT.

Pour ampliation :

Le Chef du cabinet,

JULES DE LARBRE.

Vu pour l'enregistrement à la Cour :

Le Gouverneur,

Baron DARRICAU.

Par le Gouverneur :

Le Procureur Général,

JUSTIN BERET.

ORDONNANCE ROYALE du 12 octobre 1828, portant application du Code d'instruction criminelle à l'île de la Martinique et à l'île de la Guadeloupe et ses dépendances.

. . . .

. . . .

216. La partie civile, le prévenu, la partie publique, et les personnes civilement responsables du délit, pourront se pourvoir en cassation.

contre les arrêts rendus par la Cour royale dans les cas prévus par l'article 179. (1)

. . . .

. . . .

262. Les arrêts de la Cour d'assises ne pourront être attaqués que par la voie de la cassation et dans les formes déterminées par la loi.

. . . .

. . . .

298. Le Procureur Général sera tenu, dans le mois de l'interrogatoire, de déclarer s'il se pourvoit en nullité.

Ce pourvoi n'aura lieu que dans l'intérêt de la loi.

299. La déclaration du Procureur Général doit énoncer l'objet de la demande en nullité.

Cette demande ne peut être formée que contre l'arrêt de renvoi à la Cour d'assises, et dans les trois cas suivants :

1° Si le fait n'est pas qualifié crime par la loi ;

2° Si le Ministère public n'a pas été entendu ;

3° Si l'arrêt n'a pas été rendu par le nombre de juges fixé par la loi.

300. La déclaration doit être faite au greffe.

Aussitôt qu'elle aura été reçue par le greffier, l'expédition de l'arrêt sera délivrée au Procureur Général qui la remettra au Gouverneur, à l'effet d'être adressée à notre Ministre de la Marine et des colonies, et transmise au Procureur Général près la Cour de cassation par l'intermédiaire de notre Ministre de la Justice.

301. Nonobstant la demande en nullité, l'instruction sera continuée, et il sera procédé aux débats et au jugement.

. . . .

. . . .

(1) Voir le même article au Code d'instruction criminelle de la Réunion.

371. Après avoir prononcé l'arrêt, le Président pourra, selon les circonstances, exhorter l'accusé à la fermeté, à la résignation, ou à réformer sa conduite. Il l'avertira de la faculté qui lui est accordée de se pourvoir en cassation, et du terme dans lequel l'exercice de cette faculté est circonscrit.

. . . .

373. Le condamné aura trois jours francs, après celui où son arrêt lui aura été prononcé, pour déclarer au greffe qu'il se pourvoit en cassation.

Le Procureur Général pourra, dans le même délai, déclarer au greffe qu'il demande la cassation de l'arrêt.

La partie civile aura aussi le même délai; mais elle ne pourra se pourvoir que quant aux dispositions relatives à ses intérêts civils.

Pendant ces trois jours, et s'il y a eu recours en cassation, jusqu'à la réception de l'arrêt de la Cour de cassation, il sera sursis à l'exécution de l'arrêt de la Cour.

374. Dans les cas prévus par les articles 418 et 421 du présent Code, le Procureur Général ou la partie civile n'auront que vingt-quatre heures pour se pourvoir.

. . . .

417. Lorsque l'accusé aura subi une condamnation, et que, dans l'instruction et la procédure qui auront été faites devant la Cour d'assises, ou dans l'arrêt de condamnation, il y aura eu violation ou omission des dispositions des articles 253 (1) et 257 (2) du présent Code, sur la com-

(1 et 2) Voir le même article au Code d'instruction criminelle de la Réunion.

position des Cours d'assises; de l'article 383 (1) sur les motifs d'incapacité des assesseurs; de l'article 385 (2) sur la notification de la liste des assesseurs aux accusés; des articles 390 (3) et 393 (4) sur l'exercice du droit de récusation; de l'article 294 (5) sur le choix d'un défenseur, et, à défaut de choix, sur la nomination d'un défenseur d'office; de l'article 317 (6) sur le serment à exiger des témoins; de l'article 332 (7) sur la nomination et le serment d'un interprête; de l'article 344 (8) sur la majorité nécessaire pour la déclaration de culpabilité, et de l'article 369 (9) sur l'insertion au jugement des termes de la loi pénale appliquée : cette violation ou cette omission donnera lieu, sur la poursuite de la partie condamnée, ou du Ministère public, à la cassation de l'arrêt de condamnation et de ce qui l'a précédé, à partir du plus ancien acte nul.

Il en sera de même, tant dans les cas d'incompétence que lorsqu'il y aura eu violation ou fausse application des lois pénales, ou violation des dispositions de l'article 4 de notre Ordonnance du 24 septembre 1828 (10) sur l'organisation judiciaire, en ce qui concerne la publicité et l'obligation de motiver les arrêts.

418. Dans le cas d'acquittement de l'accusé, la cassation de l'arrêt qui l'aura prononcé et de ce qui l'aura précédé, ne pourra être poursuivie

---

(1) Voir l'article 385 du Code d'instruction criminelle de la Réunion.

(2) Voir l'article 387 du Code d'instruction criminelle de la Réunion.

(3) Voir l'article 398 du Code d'instruction criminelle de la Réunion.

(4) Voir l'article 401 du Code d'instruction criminelle de la Réunion.

(5, 6, 7, 8 et 9) Voir les mêmes articles au Code d'instruction criminelle de la Réunion.

(10) Voir le même article de l'Ordonnance judiciaire du 30 septembre 1827.

par le Ministère public que dans l'intérêt de la loi et sans préjudicier à la partie acquittée.

419. Lorsque la nullité procédera de ce que l'arrêt aura prononcé une peine autre que celle appliquée par la loi à la nature du crime, la cassation de l'arrêt pourra être poursuivie tant par le Ministère public que par la partie condamnée.

La même action appartiendra au Ministère public contre les arrêts d'absolution mentionnés en l'article 374, si l'absolution a été prononcée sur le fondement de la non-existence d'une loi pénale qui pourtant aurait existé.

420. Lorsque la peine prononcée sera la même que celle portée par la loi qui s'applique au crime, nul ne pourra demander la cassation de l'arrêt, sous prétexte qu'il y aurait erreur dans la citation du texte de la loi.

421. Dans aucun cas, la partie civile ne pourra poursuivre la cassation d'un arrêt d'acquittement ou d'un arrêt d'absolution; mais si l'arrêt a prononcé contre elle des condamnations civiles supérieures aux demandes de la partie acquittée ou absoute, cette disposition de l'arrêt pourra être annulée sur la demande de la partie civile.

422. Les voies de cassation exprimées en l'article 417 sont, en matière correctionnelle, respectivement ouvertes à la partie poursuivie pour un délit, au Ministère public, et à la partie civile, s'il y en a une, contre tous arrêts, sans distinction de ceux qui ont prononcé le renvoi de la partie ou sa condamnation.

Néanmoins, lorsque le renvoi de cette partie aura été prononcé, nul ne pourra se prévaloir contre elle de la violation ou omission des formes prescrites pour assurer sa défense.

La disposition de l'article 420 est applicable aux arrêts rendus en matière correctionnelle.

423. Dans le cas où la Cour de cassation annulera une instruction, elle pourra ordonner que les frais de la procédure à recommencer seront à la charge de l'officier ou du juge instructeur qui aura commis la nullité.

Néanmoins, la présente disposition n'aura lieu que pour des fautes très graves, et à l'égard seulement des nullités qui seront commises deux ans après la mise en activité du présent Code.

424. Le recours en cassation contre les arrêts préparatoires et d'instruction ne sera ouvert qu'après l'arrêt définitif; l'exécution volontaire de tels arrêts préparatoires ne pourra, en aucun cas, être opposée comme fin de non-recevoir.

La présente disposition sera applicable aux arrêts par lesquels, soit une Cour d'assises, soit une Cour royale jugeant correctionnellement, statuant sur leur compétence, auront retenu la connaissance du procès.

425. Les dispositions de l'article 373 du présent Code, sur le pourvoi en cassation contre les arrêts des Cours d'assises, sont applicables au pourvoi en cassation contre les arrêts des Cours royales jugeant correctionnellement.

426. La déclaration du recours sera faite au greffe par la partie condamnée, et signée d'elle et du greffier, et si le déclarant ne peut ou ne veut signer, le greffier en fera mention; cette déclaration pourra être faite dans la même forme, par l'avoué de la partie condamnée, ou par un fondé de pouvoir spécial; dans ce dernier cas, le pouvoir demeurera annexé à la déclaration; elle sera inscrite sur un registre à ce destiné; ce registre sera public, et toute personne aura le droit de s'en faire délivrer des extraits.

Lorsque le recours en cassation, contre un arrêt rendu en matière criminelle ou correctionnelle, sera exercé, soit par la partie civile s'il y en a une, soit par le Ministère public, ce recours, outre l'inscription énoncée au présent article, sera notifié à la partie contre laquelle il sera dirigé, dans le délai de trois jours. Lorsque cette partie sera actuellement détenue, l'acte contenant la déclaration de recours lui sera lu par le greffier; elle le signera, ou si elle ne le veut ou ne le peut, le greffier en fera mention; lorsqu'elle sera en liberté, le demandeur en cassation lui notifiera son recours par le ministère d'un huissier, soit à sa personne, soit au domicile par elle élu; le délai sera, en ce cas, augmenté d'un jour par chaque distance de trois myriamètres, si la partie demeure dans la Colonie; si la partie demeure hors de la Colonie, la signification sera faite, dans les trois jours, au parquet du Procureur Général, qui transmettra la copie suivant les règles ordinaires.

427. La partie civile qui se sera pourvue en cassation est tenue de joindre aux pièces une expédition authentique de l'arrêt; elle est tenue, à peine de déchéance, de consigner une amende de cent cinquante francs, ou de la moitié de cette somme si l'arrêt est rendu par contumace ou par défaut.

Sont dispensés de l'amende: 1° les condamnés en matière criminelle; 2° les agents publics pour affaire qui concernent directement l'administration ou les domaines et revenus de l'État. A l'égard de toutes autres personnes, l'amende sera encourue par celles qui succomberont dans leurs recours. Seront néanmoins dispensées de la consigner, celles qui joindront à leur demande en cassation un certificat d'indigence à elles délivré par le Commissaire commandant de leur commune ou par son lieutenant, visé et approuvé par le Directeur général de l'Intérieur.

428. Les condamnés, même en matière correctionnelle, à une peine emportant privation de la liberté, ne seront point admis à se pourvoir en cassation, lorsqu'ils ne seront pas actuellement en état, ou lorsqu'ils n'auront pas été mis en liberté sous caution : l'acte de leur écrou, ou de leur mise en liberté sous caution, sera annexé à l'acte de recours en cassation.

429. Le condamné ou la partie civile, soit en faisant sa déclaration, soit dans les dix jours suivants, pourra déposer au greffe de la Cour qui aura rendu l'arrêt attaqué, une requête contenant ses moyens de cassation : le greffier lui en donnera reconnaissance, et remettra sur-le-champ cette requête au magistrat chargé du ministère public.

Ce magistrat fera passer au Gouverneur les pièces du procès, et les requêtes des parties, si elles en ont déposé. Le greffier de la Cour qui aura rendu l'arrêt rédigera sans frais et joindra un inventaire des pièces, sous peine de cent francs d'amende, laquelle sera prononcée par le Conseil privé. Le Gouverneur adressera à notre Ministre secrétaire d'État de la Marine et des colonies, par le premier navire qui partira pour France, toutes les pièces du procès.

430. Dans les vingt-quatre heures de la réception de ces pièces, notre Ministre de la Marine et des colonies les adressera au Ministre de la Justice, pour être transmises à la Cour de cassation.

Les condamnés pourront transmettre directement au greffe de la Cour de cassation, soit leurs requêtes, soit les expéditions ou copies signifiées tant de l'arrêt que de leur demande.

431. La Cour de cassation devra statuer, toutes affaires cessantes, et dans la quinzaine au plus tard à compter du jour du dépôt des pièces en son greffe.

Elle rejettera la demande ou annulera l'arrêt, sans qu'il soit besoin d'un arrêt préalable d'admission.

432 . . . .

Lorsqu'un arrêt de Cour d'assises sera annulé, le procès sera renvoyé devant une Cour d'assises autre que celle qui aura rendu l'arrêt, et constituée de la même manière. Toutefois, si l'arrêt est annulé aux chefs seulement qui concernent les intérêts civils, le renvoi aura lieu devant un Tribunal de première instance autre que celui auquel aura appartenu le Juge d'instruction; dans ce cas, le Tribunal sera saisi sans citation préalable en conciliation.

En matière criminelle ou correctionnelle, si l'arrêt et la procédure sont annulés pour cause d'incompétence, la Cour de cassation renverra le procès devant les juges qui doivent en connaître et les désignera. Toutefois, si la compétence se trouvait appartenir au Tribunal de première instance où siége le juge qui aurait fait la première instruction, le renvoi sera fait à un autre Tribunal de première instance. Lorsque l'arrêt sera annulé parce que le fait qui aura donné lieu à une condamnation se trouvera n'être pas un délit qualifié par la loi, le renvoi, s'il y a une partie civile, sera fait devant un Tribunal de première instance autre que celui auquel aura appartenu le juge d'instruction; et s'il n'y a pas de partie civile, aucun renvoi ne sera prononcé.

433. Dans le cas où la Cour de cassation est autorisée à choisir une cour ou un tribunal pour le jugement d'une affaire renvoyée, ce choix ne pourra résulter que d'une délibération spéciale, prise en la chambre du conseil immédiatement après la prononciation de l'arrêt de cassation, et dont il sera fait mention expresse dans cet arrêt.

434. Si l'arrêt d'une Cour d'assises a été annulé pour avoir prononcé une peine autre que celle que la loi applique à la nature du crime, ou pour avoir prononcé l'absolution de l'accusé dans un cas où le fait, déclaré constant, était qualifié crime ou délit par la loi, la Cour d'assises à qui le procès sera renvoyé rendra son arrêt d'après la déclaration de la première cour sur la question de fait.

Si l'arrêt a été annulé pour autre cause, il sera procédé à de nouveaux débats devant la Cour d'assises à laquelle le procès sera renvoyé.

La Cour de cassation n'annulera qu'une partie de l'arrêt, lorsque la nullité ne viciera qu'une ou quelques-unes de ses dispositions.

435. L'accusé dont la condamnation aura été annulée, et qui devra subir un nouveau jugement au criminel, sera traduit, en l'état d'arrestation, et, en exécution de l'ordonnance de prise de corps, devant la Cour d'assises à laquelle son procès sera renvoyé.

436. La partie civile qui succombera dans son recours, soit en matière criminelle, soit en matière correctionnelle, sera condamnée à une indemnité de cent cinquante francs et aux frais envers la partie acquittée, absoute et renvoyée; la partie civile sera de plus condamnée envers l'État à une amende de cent cinquante francs, ou de soixante-quinze francs seulement si l'arrêt a été rendu par contumace ou par défaut.

Les administrations des régies de l'État et les agents publics qui succomberont, ne sont condamnés qu'aux frais et à l'indemnité.

437. Lorsque l'arrêt aura été annulé, l'amende consignée sera rendue sans aucun délai, en quelques termes que soit conçu l'arrêt qui aura statué sur le recours, et quand même il aurait omis d'en ordonner la restitution.

438. Lorsqu'une demande en cassation aura été rejetée, la partie qui l'avait formée ne pourra plus se pourvoir en cassation contre ce même arrêt, sous quelque prétexte et par quelque moyen que ce soit.

439. L'arrêt qui aura rejeté la demande en cassation sera délivré dans les trois jours au Procureur Général près la Cour de cassation, par simple extrait signé du greffier, lequel sera adressé par duplicata au Ministre de la Marine

et des colonies, et renvoyé par celui-ci au Gouverneur de la colonie dans laquelle aura été rendu l'arrêt. Le Gouverneur transmettra cet extrait au Procureur général de la Cour royale.

441. Lorsque, sur l'exhibition d'un ordre formel à lui donné par le Ministre de la justice, sur la demande de notre Ministre de la marine, le Procureur général près la Cour de cassation dénoncera à la section criminelle des actes judiciaires, arrêts ou jugements contraires à la loi, ces actes, arrêts ou jugements pourront être annulés, et les officiers de police ou les juges poursuivis, s'il y a lieu, de la manière exprimée au chapitre III du titre V du présent livre (1).

442. Lorsqu'il aura été rendu par une Cour royale ou par une Cour d'assises un arrêt sujet à cassation, et contre lequel néanmoins aucune des parties n'aurait réclamé dans le délai déterminé, le Procureur général près la Cour de cassation pourra, en vertu d'un ordre du Ministre de la Justice, donné sur la demande du Ministre de la Marine, ou même d'office, et nonobstant l'expiration du délai, en donner connaissance à la Cour de cassation; l'arrêt sera cassé, mais dans l'intérêt de la loi seulement, et sans que les parties puissent s'en prévaloir pour s'opposer à son exécution.

N° 1175. — *CIRCULAIRE ministérielle du 10 juin 1862, n° 19. — (2e Direction: Personnel. — 4e Bureau: 2e Section). — Transmissions des fonds de masse des disciplinaires condamnés aux travaux publics.*

Monsieur le Gouverneur,

L'envoi des fonds de masse des militaires des

(1) Voir le même chapitre du même titre au Code d'instruction criminelle de la Réunion.

compagnies disciplinaires des colonies, condamnés aux travaux publics, qui est actuellement à l'adresse des conseils d'administration des divers ateliers sur lesquels sont dirigés ces disciplinaires, ne peut être effectué que tardivement, et il en résulte des inconvénients pour la régularité de la comptabilité de la compagnie.

J'ai décidé, en conséquence, que ces fonds de masse seraient transmis, à l'avenir, au moment même où les condamnés seront renvoyés en France, à M. le Commandant du dépôt d'Oléron, qui sera chargé de les faire parvenir à leur destination définitive.

A cet effet, le Commandant du dépôt sera avisé par les soins du Département de la Guerre, des numéros d'ateliers dans lesquels les disciplinaires condamnés devront subir leur peine.

Recevez, etc.

Le Ministre de la Marine et des colonies,

Pour le Ministre et par son ordre:

Le Conseiller d'État, Directeur du Personnel,

LAYRLE.

N° 1176. — *CIRCULAIRE ministérielle du 11 juin 1862. — 2e Direction: Personnel. — 4e Bureau: Troupes de la Marine. — Dotation de l'armée, exonération.*

Messieurs,

Des difficultés se sont produites relativement à la fixation du délai après lequel doivent être rendus exécutoires, aux colonies, les arrêtés de Son Excellence M. le Ministre de la Guerre, réglant chaque année le taux de la prime de rengagement et de la prestation à verser pour l'exonération des militaires présents sous les drapeaux.

J'ai décidé que les actes dont il s'agit cesseraient de recevoir leur exécution à la date de l'arrivée, dans chacune des colonies, de la dépêche notifiant la nouvelle décision de M. le Ministre de la Guerre. Vous devez prendre, chaque fois, pour fixer cette date, un arrêté spécial qui sera rendu public et inséré au *Bulletin officiel* de la Colonie.

Je vous prie de tenir la main à ce que l'administration de la colonie de........ se conforme strictement, à l'avenir, à cette disposition.

Pour faciliter le travail de vérification dont est chargée la caisse des dépôts et consignations, il devra lui être envoyé, par mon intermédiaire, une copie de l'arrêté dont il s'agit. De plus, les pièces comptables concernant les militaires exonérés devront, à titre de renseignement, mentionner cet arrêté, auquel la Caisse des dépôts et consignations pourra se rapporter.

L'insertion de la présente circulaire au *Bulletin officiel* de la Marine tiendra lieu de notification.

Recevez, etc.

Le Ministre de la Marine et des colonies,

Comte P. DE CHASSELOUP-LAUBAT.

N° 1177. — Par dépêche du 23 juin 1862, n° 279, S. Exc. le Ministre de la Marine et des colonies informe l'Administration de la Colonie qu'il a approuvé l'arrêté du Gouverneur, en date du 29 janvier 1862, sur le service postal.

N° 1178. — *DÉPÊCHE ministérielle du 15 juin 1862, n° 20. — (2e Direction: Personnel. — 4e Bureau: 2e Section.) — Adoption d'un type unique pour la confection des effets de fatigue destinés aux corps de troupes indigènes.*

Monsieur le Gouverneur,

Le Département de la Guerre vient d'adopter un modèle unique de pantalon et de blouse en toile grise, destinés à remplacer les pantalons et les blouses de divers types servant, dans les corps d'infanterie et de cavalerie, pour les corvées, l'infirmerie, l'écurie, la cuisine, etc.

Ces nouveaux modèles m'ont paru remplir toutes les conditions requises pour les divers usages auxquels sont employés les effets de fatigue dans les corps indigènes de toutes armes et pour les compagnies disciplinaires des colonies. En conséquence, j'ai décidé qu'ils serviraient de types pour la confection des blouses et des pantalons dits de travail, de cuisine, de corvée, d'écurie et de bord, qui sont achetés en France pour les besoins des troupes dont il s'agit.

Je vous prie de notifier cette décision aux corps intéressés.

Recevez, etc.

Le Ministre de la Marine et des colonies,

Pour le Ministre et par son ordre :

Le Conseiller d'État, Directeur du Personnel,

LAYRLE.

N° 1179. — *DÉPÊCHE ministérielle du 23 juin 1862, n° 1979. — 2e Direction : Personnel; — 2e Bureau : 1re Section : Inscription maritime. — Naufrage du trois-mâts l'*Étienne. — *Décision favorable aux capitaines au long-cours Joterat et Christien.*

Monsieur le Gouverneur,

Vous m'avez adressé, le 3 avril dernier, le procès-verbal de l'enquête effectuée d'après vos ordres au sujet de la perte du trois-mâts l'*Étienne* de Nantes, à bord duquel les capitaines au long-cours Joterat et Christien, remplissaient les fonctions de capitaine et de second.

Après avoir soumis cette enquête à l'examen de la commission des naufrages, instituée en exécution de la circulaire de mon prédécesseur, en date du 18 mai 1860, j'ai maintenu aux deux navigateurs ci-dessus dénommés la faculté de commander les bâtiments du commerce. Dans le cas où ils n'auraient pas encore quitté la Réunion lorsque vous recevrez la présente dépêche, je vous invite à porter à la connaissance des sieurs Joterat et Christien la mesure dont ils viennent d'être l'objet.

Recevez, etc.

Le Ministre Secrétaire d'État de la Marine et des colonies,

Pour le Ministre et par son ordre :

Le Conseiller d'État, Directeur du Personnel,

LAYRLE.

N° 1180. — *ARRÊTÉ portant promulgation de trois décrets relatifs à l'Inscription maritime.*

Du 22 Juillet 1862.

Nous Gouverneur de l'île de Réunion,

Vu la circulaire ministérielle du 19 mai 1862, n° 212;

Vu l'article 65 de l'ordonnance organique du Gouvernement de la Réunion du 21 août 1825, et l'article 9 du sénatus-consulte du 3 mai 1854 qui a réglé la constitution des colonies;

Sur le rapport de l'Ordonnateur,

Avons arrêté et arrêtons ce qui suit:

Sont promulgués à la Réunion :

Le décret impérial du 30 septembre 1860 portant que les inscrits maritimes qui ont acquis six années de services à l'État depuis leur inscription définitive, ne pourront plus être levés qu'en vertu d'un décret impérial;

Le décret impérial du 25 juin 1861 relatif à l'exercice de la levée permanente et au sursis à accorder à certaines catégories de marins;

Le décret impérial du 25 juin 1861 qui accorde des primes dans le cas de réadmission des marins au service de la Flotte.

L'Ordonnateur est chargé de l'exécution du présent arrêté qui sera, ainsi que les trois décrets promulgués et les rapports qui les ont précédés, enregistrés partout où besoin sera et insérés au *Journal officiel* et au *Bulletin Officiel* de la Réunion.

Saint-Denis, le 22 juillet 1862.

Baron DARRICAU.

Par le Gouverneur :

L'Ordonnateur,

Desmazes.

RAPPORT A L'EMPEREUR *suivi d'un décret relatif à l'exercice de la levée permanente et aux sursis à accorder à certaines catégories de marins.*

SIRE,

Par un décret du 30 septembre 1860, Votre Majesté a décidé que les inscrits maritimes ayant acquis six années de services à l'État depuis leur inscription définitive, ne pourraient désormais être levés de nouveau qu'en vertu d'un décret impérial.

C'était, sauf pour les cas extraordinaires, réduire à une durée assez courte l'obligation du service maritime, et laisser aux gens de mer qui ont accompli ce temps une complète sécurité pour les intérêts de leur industrie et de leurs familles. La pensée tout à la fois favorable et juste qui a inspiré cet acte a été sans aucun doute de faire supporter les charges du service par les hommes qui n'ont pas encore payé cette dette, ou qui sont restés le moins de temps sur les bâtiments de la Marine impériale.

C'est donc entrer complètement dans les bienveillantes intentions de Votre Majesté que de poser cette règle invariable que les levées des marins inscrits seront toujours faites en commençant par les hommes qui auront le moins de services à l'État, et aussi de déterminer d'une manière précise les conditions dans lesquelles des sursis devront être accordés.

Jusqu'à présent, les exemptions de service à donner pour ne pas priver les familles de leurs soutiens indispensables ont été laissées à l'appréciation des autorités maritimes, qui ont apporté dans leurs décisions un esprit d'équité impossible à méconnaître; mais il n'en est pas moins utile que la même règle soit appliquée partout et que partout elle soit connue des marins.

Ainsi, déclarer que les levées des gens de mer portent : 1° sur les marins qui n'ont pas encore de service à l'État, 2° en cas d'insuffisance, sur les hommes qui ont le moins de service,

Et déterminer les conditions dans lesquelles les sursis de levée sont accordés.

Tel est le double but du décret que j'ai l'honneur de soumettre à l'approbation de Votre Majesté, et qui, j'en ai la conviction, sera reçu par les populations maritimes comme un nouveau bienfait du Gouvernement de l'Empereur.

Je suis avec un profond respect, Sire, de Votre Majesté, le très humble, très obéissant serviteur et fidèle sujet,

Le Ministre Secrétaire d'État de la Marine et des colonies,

Comte P. DE CHASSELOUP-LAUBAT.

DÉCRET DU 25 JUIN 1861.

NAPOLÉON, par la grâce de Dieu et la volonté nationale, Empereur des Français,

A tous présents et à venir, salut :

Vu la loi du 3 brumaire an IV, sur l'inscription maritime ;

Vu le décret du 30 septembre 1860 ;

Sur le rapport de notre Ministre secrétaire d'État au Département de la Marine et des colonies,

Le Conseil d'amirauté entendu,

AONS DÉCRÉTÉ ET DÉCRÉTONS ce qui suit :

Art. 1er Les levées des gens de mer portent :

1° Sur les marins qui n'ont pas encore de service à l'État ;

2° En cas d'insuffisance, sur les hommes qui ont le moins de service, ou, à durée égale de service, sur ceux qui ont été le plus anciennement congédiés.

Ne peuvent être levés qu'en vertu d'un décret

les marins ayant plus de six années de service.

Art. 2. Ont droit à des sursis de levée les marins qui se trouvent dans les positions suivantes, savoir:

L'aîné d'orphelins de père et de mère;

Le marin ayant un frère au service par suite de levée d'office : le sursis accordé dans ce dernier cas est appliqué autant de fois dans la même famille que les mêmes droits s'y reproduisent;

Le fils unique ou l'aîné des fils, ou, à défaut de fils ou de gendre, le petit-fils unique ou l'aîné des petits-fils d'une femme actuellement veuve, ou d'un père aveugle ou entré dans sa soixante et dixième année.

Dans le cas ci-dessus, le frère puîné obtient un sursis si le frère aîné est aveugle ou atteint de toute autre infirmité qui le rende impotent.

Art. 3. Aucun autre sursis de levée ne peut être accordé que par notre Ministre secrétaire d'État de la Marine et des colonies, sur la proposition motivée des préfets maritimes ou des chefs de service de la marine.

Sauf les cas d'urgence, dont il est rendu compte immédiatement au Ministre, les hommes pour lesquels ces propositions de sursis seront faites doivent être mis en route et attendre la décision ministérielle aux chefs-lieux des divisions.

Le marin inscrit, en activité de service, ne peut être exceptionnellement renvoyé dans ses foyers que lorsqu'il se trouve dans un des cas prévus pour l'obtention d'un sursis de levée.

Art. 4. Notre Ministre Secrétaire d'État au Département de la Marine et des colonies est chargé de l'exécution du présent décret.

Fait au palais de Fontainebleau, le 25 juin 1861.

NAPOLÉON.

Par l'Empereur:

Le Ministre Secrétaire d'État de la Marine et des colonies,

Comte P. de Chasseloup-Laubat.

RAPPORT A L'EMPEREUR

Suivi d'un décret relatif aux primes de réadmission au service de la Flotte. (1)

SIRE,

S'il est nécessaire de poser des règles invariables et connues de tous, lorsqu'il s'agit d'exiger des gens de mer le service qui est dû à l'État, il est bon, il est utile aussi d'offrir des avantages aux marins qui, après avoir accompli un certain temps de service, veulent se rengager et entrer sur les bâtiments de la Flotte. Ce seront des hommes d'élite dont la marine impériale pourra disposer, et qui entretiendront les bonnes traditions dans les équipages.

J'ai donc l'honneur de soumettre à l'approbation de Votre Majesté un décret aux termes duquel une prime est allouée aux quartiers-maîtres et matelots de l'inscription maritime qui, après avoir servi pendant la première période obligatoire, seraient maintenus ou réadmis pour trois années.

Cette prime est différente selon l'aptitude du marin et se divise en trois annuités, qui, d'ailleurs, peuvent être déléguées en totalité ou en partie à la famille ; enfin, dans le cas de décès ou

(1) Par une circulaire du 8 avril 1861, insérée au *Bulletin officiel*, n° 16, page 332, art. 95, le Ministre a accordé l'autorisation de donner suite directement aux demandes de rengagement, d'engagement volontaire après libération ou de réadmission, formées par les marins du recrutement, de l'engagement volontaire ou de l'inscription (aux cinq ports seulement), et la faculté d'accueillir, dans la proportion des besoins prévus du service, les demandes d'engagement volontaire comme ouvriers chauffeurs ou apprentis marins.

Sous la date du 24 mai 1861 (*Bulletin officiel* n° 17, page 376, art. 11) le Ministre a décidé que les officiers mariniers et marins provenant du recrutement ou de l'engagement volontaire qui, par suite de circonstances de la navigation, sont maintenus à bord des bâtiments de la Flotte au-delà de l'époque fixée pour leur libération, recevront, à compter de cette époque et à titre de supplément de solde, une allocation égale à la quotité de la haute paye journalière d'ancienneté.

de radiation des rôles par suite de blessures ou d'infirmités contractées dans un service commandé, le montant de la prime est acquis au marin ou à sa famille.

Sans grever beaucoup le budget, cette prime pour rengagement volontaire doit avoir pour effet, en conservant au service des matelots de choix, de diminuer dans une certaine proportion les demandes que l'État doit faire chaque année à l'inscription maritime, et ainsi d'en alléger la charge.

Mais il ne suffisait pas d'accorder des avantages aux marins qui voudraient se faire maintenir ou se faire réadmettre sur les bâtiments de la Flotte, même après quelques années d'interruption de service: il fallait encore se préoccuper de la position des hommes qui peuvent être rappelés pour faire partie d'une seconde levée ou qui peuvent être éventuellement maintenus d'office au-delà de la première période obligatoire de service. Pour ceux-ci, il était juste aussi de leur allouer une prime journalière, d'abord parce qu'ils apportent à l'État le concours de marins plus expérimentés, plus habiles, ensuite parce que, au moyen de la délégation, cette allocation pourra profiter entièrement à la famille, qui, dans ces circonstances, a souvent plus à regretter leur absence.

Toutes les dispositions du décret que j'ai l'honneur de vous soumettre, Sire, ont été accueillies avec empressement par le Conseil d'amirauté comme présentant de sérieuses améliorations pour le sort des marins, et je les présente à l'approbation de Votre Majesté avec d'autant plus de confiance qu'elles ne font que réaliser les intentions que l'Empereur m'avait personnellement manifestées dans l'intérêt des hommes qui appartiennent à son armée navale.

Je suis avec respect, Sire, de Votre Majesté,

le très humble et très obéissant serviteur et très fidèle sujet.

Le Ministre Secrétaire d'État de la Marine et des colonies,
Comte P. DE CHASSELOUP-LAUBAT.

Décret du 25 Juin 1861.

NAPOLÉON, par la grâce de Dieu et la volonté nationale, Empereur des Français,

A tous présents et à venir, salut :

Vu le décret du 5 juin 1856, sur l'organisation du personnel des équipages de la Flotte ;

Vu le décret du 11 août 1856, portant règlement sur la solde, les revues, l'administration et la comptabilité des équipages de la Flotte ;

Sur le rapport de notre Ministre secrétaire d'État de la Marine et des colonies,

Le Conseil d'amirauté entendu,

AVONS DÉCRÉTÉ ET DÉCRÉTONS ce qui suit :

Art. 1er. Les quartiers-maîtres et les matelots de l'inscription maritime porteurs d'un certificat de bonne conduite délivré à bord du dernier bâtiment sur lequel ils ont navigué peuvent, sur leur demande, être maintenus ou réadmis au service toutes les fois qu'il n'existe pas d'ordre contraire du Ministre.

Avant leur réadmission, ils doivent être reconnus aptes à faire un bon service.

2. Les quartiers-maîtres et les matelots de l'inscription maritime reçoivent la prime dite de réadmission, lorsqu'ayant accompli la première période obligatoire de service ils sont, sur leur demande, maintenus ou réadmis au service pour une période de trois années.

Cette prime est fixée à cinquante centimes pour les marins de spécialité, et à quarante centimes pour les marins sans spécialité.

3. Les actes constatant les réadmissions avec prime sont reçus :

1° Par les commissaires aux armements pour tous les hommes présents à la division des équipages de la Flotte ou à bord des bâtiments placés sous l'autorité des préfets maritimes ;

2° Par les commissaires de l'inscription maritime pour les marins présents dans leurs quartiers;

3° Par les conseils d'administration des bâtiments en cours de campagne, sous l'approbation du commandant en chef de l'escadre ou de la division navale, lorsque le bâtiment ne navigue pas isolément.

Les actes sont inscrits sur un registre spécial; ils sont signés après lecture par le marin réadmis et par l'autorité qui les a reçus.

Mention de la réadmission avec prime est faite sur le rôle, sur le livre de compagnie et sur le livret du marin.

4. Chaque réadmission pour trois années donne droit au paiement de la prime, mais seulement, pendant une période de quinze années, à partir de l'âge de vingt ans.

Au-delà de leur trente-cinquième année, les quartiers-maîtres et marins réadmis au service n'ont droit qu'à la haute paye d'ancienneté fixée par le tarif n° 3, annexé au décret du 11 août 1856.

5. La prime de réadmission se divise en trois annuités.

Ces trois annuités sont payées comme la solde et aux mêmes époques; elles sont décomptées à raison de la fixation journalière.

Toutefois, la première annuité est payable par avance, intégralement, aux marins réadmis qui en font la demande.

Ce paiement peut avoir lieu dans le quartier auquel appartient le marin réadmis.

En cas de décès ou de radiation des rôles, l'annuité non encore payée n'est due que proportionnellement au temps écoulé jusqu'au jour du décès ou de la radiation. Cette dernière disposition est applicable aux marins qui, pendant une période de réadmission, atteignent les quinze années de service mentionnées en l'article précédent, ou sont portés au grade de second maître.

Toutefois, lorsque le décès ou la radiation des rôles a eu lieu à la suite de blessures ou d'infirmités contractées dans un service commandé, la totalité des allocations qui leur reviennent en outre des actes de réadmission leur appartient, après eux à leurs femmes, enfants ou descendants, et à défaut, les sommes dues profitent à la caisse des invalides de la marine.

6. A l'avenir, auront droit à une prime journalière de trente centimes les quartiers-maîtres et les matelots de l'inscription maritime qui, ayant accompli la première période obligatoire, seront levés de nouveau ou éventuellement maintenus au service.

7. Les quartiers-maîtres et les matelots auxquels est attribuée la prime ont la faculté de la déléguer en totalité ou en partie à leurs familles.

Le montant des sommes ainsi déléguées vient alors en augmentation du chiffre des délégations prévues par le décret du 11 août 1856.

8. Des congés à solde entière, qui n'excéderont pas deux mois, pourront être accordés aux marins réadmis qui arriveront d'une campagne de mer.

7. Notre Ministre secrétaire d'État de la Marine et des colonies est chargé de l'exécution du présent décret.

Fait au palais de Fontainebleau, le 25 juin 1861.

NAPOLÉON.

Par l'Empereur :

Le Ministre Secrétaire d'État de la Marine et des colonies,

Comte P. DE CHASSELOUP LAUBAT.

Rapport à l'Empereur.

Paris, le 30 septembre 1860.

Projet de décret relatif à la levée des inscrits maritimes qui réunissent six années de services à l'État.

SIRE,

L'attention de Votre Majesté s'est portée sur les conséquences de l'état de disponibilité qui résulte, pour les inscrits maritimes, de l'obligation de servir sur les bâtiments de la Flotte et dans les arsenaux toutes les fois qu'ils en sont requis.

Voulant donner à la population maritime une preuve de sa haute sollicitude, Votre Majesté m'a manifesté l'intention d'accorder à ceux des marins qui ont acquis une certaine durée de services la garantie qu'ils ne seront appelés de nouveau que par suite de circonstances extraordinaires, dont elle se réserverait l'appréciation. Les gens de mer jouiraient ainsi d'une sécurité éminemment favorable à la prospérité de leurs intérêts.

Une mesure propre à atteindre ce but avait été introduite, conformément aux vues de Votre Majesté, dans un projet de loi sur l'inscription maritime, que j'ai fait préparer d'après ses ordres. En attendant qu'il puisse être donné suite à ce projet, j'ai l'honneur de soumettre à la sanction de Votre Majesté un décret destiné à consacrer la mesure dont il s'agit, qui sera accueillie avec la plus vive reconnaissance par la population maritime tout entière.

Je suis, etc.

L'Amiral, Ministre Secrétaire d'État de la Marine,

HAMELIN.

Décret

NAPOLÉON, par la grâce de Dieu et la volonté nationale, Empereur des Français,

A tous présents et à venir, salut.

Vu la loi du 3 brumaire an IV (25 octobre 1795) sur l'inscription maritime ;

Vu le décret du 28 janvier 1857, relatif à l'inscription des mécaniciens, chauffeurs et autres individus affectés au service des machines des bâtiments à vapeur faisant la navigation maritime ;

Vu l'avis émis par le Conseil d'amirauté ;

Sur le rapport de notre Ministre secrétaire d'État au Département de la Marine,

AVONS DÉCRÉTÉ ET DÉCRÉTONS ce qui suit :

Art. 1er. Les inscrits maritimes qui ont acquis six années de services à l'État, depuis leur inscription définitive, ne pourront désormais être levés de nouveau pour le service de la flotte ou des arsenaux qu'en vertu d'un décret impérial.

Art. 2. Notre Ministre Secrétaire d'État au Département de la Marine est chargé de l'exécution du présent décret, qui sera inséré au *Bulletin officiel* de la Marine.

Fait au palais de Saint-Cloud, le 30 septembre 1860.

NAPOLÉON.

Par l'Empereur :

L'Amiral, Ministre Secrétaire d'État de la Marine

HAMELIN.

N° 1181. — *DÉPÊCHE ministérielle concernant les prêts sur dépôts d'actions des banques coloniales.*

Paris, le 26 Juin 1862.

Monsieur le Gouverneur,

Dans sa séance du 19 novembre 1861, le Conseil d'administration de la banque de la Réunion a accueilli une demande de prêt, garanti par le transfert de 2 actions de l'Établissement, et a établi en principe que le montant du prêt sur chaque action pouvait être fixé à 500 francs, attendu que ces actions, à raison de la plus value résultant de leur part de propriété dans le fonds de réserve, représentent en réalité une valeur de 750 francs.

Ainsi que l'a fait connaître à l'Administration de la colonie la dépêche ministérielle du 19 août 1855, n° 147, la Commission de surveillance s'est prononcée négativement sur la question des prêts directs garantis uniquement par transfert d'actions; les banques coloniales doivent donc s'interdire toute opération de ce genre, mais elles peuvent toutefois, à l'exemple de la banque de France, admettre leurs propres actions comme garantie ou comme équivalent de la 2e signature exigée par l'article 13 des statuts. Quant au taux auquel les actions ainsi admises en garantie, peuvent être reçues, la Commission ne voit point d'inconvénient à le fixer à 500 francs, mais elle est d'avis que ce chiffre ne doit pas être dépassé.

Je vous prie de donner communication de la présente dépêche à M. le Directeur de la banque.

Recevez, Monsieur le Gouverneur, l'assurance de ma considération très distinguée.

Le Ministre de la Marine et des colonies,

Comte P. DE CHASSELOUP-LAUBAT.

N° 1182. — *DÉPÊCHE ministérielle au sujet de la responsabilité du Directeur de la banque.— Dépôt des effets admis à l'escompte.*

Paris, le 26 Juin 1862.

Monsieur le Gouverneur,

A l'occasion du vol d'une certaine quantité de billets de la Banque qui étaient restés déposés dans le cabinet du Directeur, le Conseil d'administration a été appelé à examiner la question de savoir à qui devait incomber la responsabilité de cette perte et a jugé qu'il appartenait à l'Assemblée générale des actionnaires de se prononcer à cet égard. Cette décision n'a eu aucune suite, M. Desse s'étant offert à rembourser de ses propres deniers le montant des billets que la Banque aurait eu à payer. Mais préoccupé, à la suite de cette affaire, de la responsabilité qu'il encourait en gardant par devers lui les effets de portefeuille à encaisser dans le courant du mois, le Directeur a demandé que ces effets fussent retirés chaque jour de la caisse centrale par l'administrateur de service, assisté de l'un des censeurs. Cette proposition a été repoussée par le Conseil, mais il a été convenu toutefois que, jusqu'à réception de l'avis de la Commission de surveillance, le Directeur conserverait provisoirement de huitaine en huitaine les effets de portefeuille à encaisser.

C'est à tort que M. Desse a cru devoir garder des billets au porteur en dépôt dans son cabinet. La Commission de surveillance avait déjà signalé les inconvénients qu'il y avait à ce que les directeurs des banques coloniales fussent chargés d'un maniement quelconque de fonds, et mon Département avait recommandé par suite la suppression d'une caisse dite caisse du Directeur que certaines banques avaient créée irrégulièrement en sus des deux caisses réglementaires. Cette recommandation semble avoir été perdue de vue dans la circonstance dont il s'agit ; je vous prie de vouloir bien la rappeler à M. le Directeur de la banque.

Quant à la responsabilité résultant du dépôt entre ses mains des effets de portefeuille, il ne saurait en être affranchi. Il est du devoir du Directeur d'une banque de garder les effets de commerce escomptés jusqu'au moment de leur remise au caissier pour l'encaissement, et pas un des directeurs de succursales de la banque de France n'est dégagé de cette obligation. Il ne faut point s'exagérer d'ailleurs la responsabilité qu'un directeur encourt comme dépositaire des effets admis à l'escompte ; à moins de négligences ou d'infidélités bien constatées, il ne saurait être tenu de répondre des pertes éprouvées, puisqu'en dehors de ces hypothèses, les dites pertes seraient dues à des faits et à des circonstances de force majeure qu'il n'aurait pas été en son pouvoir d'empêcher. D'ailleurs, en cas de vol, la voie de l'opposition au paiement est toujours ouverte pour prévenir le préjudice qui pourrait résulter des soustractions commises. La Commission de surveillance a pensé, en conséquence, et je partage entièrement son avis, que le Directeur de la banque ne saurait être relevé de l'obligation de garder chaque mois les effets escomptés jusqu'au jour de leur échéance.

Je vous prie de donner communication de la présente dépêche à M. le Directeur de la banque.

Recevez, Monsieur le Gouverneur, l'assurance de ma considération très distinguée.

Le Ministre de la Marine et des colonies,

Comte P. DE CHASSELOUP-LAUBAT.

N° 1185. — *DÉPÊCHE ministérielle au sujet des banques coloniales. — Le Contrôleur doit rendre compte des délibérations secrètes du Conseil d'administration.*

Paris, 26 Juin 1862.

Monsieur le Gouverneur,

Une divergence d'opinions s'est produite récemment entre le Conseil d'administration de la banque de la Réunion d'une part et le Contrôleur colonial d'autre part, sur la question de savoir si ce fonctionnaire doit rendre compte à mon Département des résolutions adoptées en comité secret. En présence de l'opposition manifestée à ce sujet par le Conseil, M. Desrobert, jugeant que ce droit lui est réservé par l'art. 59 des statuts, en a référé à mon Département.

« L'art. 59 dispose, que le Contrôleur colo-
« nial, en sa qualité de censeur, correspond avec
« le Gouverneur et le Ministre de la Marine; il
« rend chaque mois, et plus souvent s'il y a lieu,
« au Ministre compte de la surveillance qu'il
« exerce. »

Les termes de cet article sont absolus, et obligent le Contrôleur colonial à me rendre compte de toutes les délibérations des conseils d'administration des banques coloniales, alors même que ces conseils les considèrent comme devant être tenues secrètes. S'il en était autrement, il suffirait aux conseils d'administration de se constituer en comité secret pour dérober leurs délibérations à la connaissance de la Commission de surveillance, dont le contrôle ne peut s'exercer utilement qu'à la condition qu'elle sera exactement et complètement informée des résolutions adoptées par les banques coloniales.

Je vous prie de donner communication de la présente dépêche au Directeur de la banque et au Contrôleur, censeur légal.

Recevez, Monsieur le Gouverneur, l'assurance de ma considération très distinguée.

Le Ministre de la Marine et des colonies,

Comte DE CHASSELOUP LAUBAT.

N° 1184. — ***DÉCRET** qui nomme M. Jude (Frédéric-Aimé) greffier au Tribunal de première instance de Mayotte.*

Paris, le 21 Mai 1862.

NAPOLÉON, par la grâce de Dieu et la volonté nationale, Empereur des Français.

A tous présents et à venir, salut:

Vu l'article 107 de l'ordonnance organique du 30 septembre 1827;

Sur le rapport de Notre Ministre Secrétaire d'État de la Marine et des colonies, et de Notre Garde des Sceaux, Ministre Secrétaire d'État de la Justice,

AVONS DÉCRÉTÉ ET DÉCRÉTONS ce qui suit:

Art. 1er. M. Jude (Frédéric-Aimé), secrétaire du Parquet de 1re instance de Saint-Denis (Réunion), est nommé greffier au Tribunal de 1re instance de Mayotte, en remplacement de M. Truttman, dont la démission est acceptée.

Art. 2. Notre Ministre Secrétaire d'État de la Marine et des colonies et Notre Garde des Sceaux, Ministre Secrétaire d'État de la Justice, sont chargés, chacun en ce qui le concerne, de l'exécution du présent décret.

Fait à Paris, le 21 mai 1862.

NAPOLÉON.

Par l'Empereur :

Le Ministre Secrétaire d'État de la Marine et des colonies,

Comte P. DE CHASSELOUP-LAUBAT.

Le Garde des Sceaux, Ministre Secrétaire d'État de la Justice,

DELANGLE.

Pour ampliation :

Le Chef du cabinet,

JULES DE LARBRE.

Pour copie conforme :

Le Procureur Général,

JUSTIN BERET.

N° 1185. — *ARRÊTÉ relatif à la répartition de l'octroi.*

Du 1er Juillet 1862.

NOUS GOUVERNEUR DE L'ÎLE DE LA RÉUNION,

Vu l'art. 2 de l'arrêté du 13 décembre 1850, qui établit un droit municipal d'octroi pour toute la Colonie ;

Vu les états de la population recensée au 1er janvier 1862 et les budgets des communes pour la même année ;

Considérant que la répartition du produit de l'octroi doit être faite entre toutes les communes, moitié proportionnellement à leur population et moitié proportionnellement à leurs dépenses obligatoires ;

Sur le rapport du Directeur de l'Intérieur,

AVONS ARRÊTÉ ET ARRÊTONS :

Art. 1er. Du 1er juillet 1862 au 30 inclus de juin 1863, le produit de l'octroi sera réparti conformément au tableau suivant :

DÉSIGNATION des COMMUNES.	Montant des dépenses obligatoires.	Population.	RÉPARTITION suivant les dépenses obligatoires.	RÉPARTITION suivant la population.	Total ou base de la répartition.	OBSERVATIONS.
Saint-Denis.	377,956 84	37,826	12 35	10 36	22 71	
Sainte-Marie.	53,061 »	6,825	1 73	1 87	3 60	
Sainte-Suzanne.	94,402 »	7,970	3 09	2 18	5 27	
Saint-André.	77,373 »	9,984	2 53	2 74	5 27	
Salazie.	33,608 52	4,964	1 10	1 36	2 46	
Saint Benoit.	188,936 03	20,734	6 18	5 68	11 86	
Plaine des Palmistes. .	6,504 40	1,822	0 21	0 50	0 71	
Sainte-Rose.	59,546 56	3,626	1 95	0 99	2 94	
Saint-Paul.	137,760 50	25,620	4 50	7 01	11 51	
Saint-Leu.	63,955 »	7,903	2 09	2 16	4 25	
Saint-Louis.	111,342 »	15,465	3 63	4 15	7 78	
Saint-Pierre.	255,116 32	30,596	8 34	8 38	16 72	
Saint-Joseph.	54,550 »	7,553	1 78	2 07	3 85	
Saint-Philippe.	15,830 »	2,000	0 52	0 55	1 07	
Totaux. . .	1,529,879 47	182,582	50 » %	50 » %	100 » %	

2. Le Directeur de l'Intérieur est chargé de l'exécution du présent arrêté, qui sera publié, enregistré et inséré au *Bulletin officiel* de la Colonie.

Saint-Denis, le 1er juillet 1862.

Baron DARRICAU.

Par le Gouverneur :

Le Directeur de l'Intérieur,

CH. DE LAGRANGE.

N° 1186. — *ARRÊTÉ relatif à la répartition entre les communes du dixième de l'impôt sur les tabacs et sur les rhums.*

Du 1er Juillet 1862.

Nous Gouverneur de l'île de la Réunion,

Vu l'article 51 de l'arrêté du 17 juillet 1850 concernant la fabrication et la vente des tabacs dans la Colonie;

Vu les articles 15 et 49 de l'arrêté du 28 décembre 1850 et les articles 1er et 2 de l'arrêté du 21 octobre 1856, sur la fabrication et la vente des rhums dans la Colonie;

Vu les états de la population recensée au 1er janvier 1862;

Considérant que le dixième du produit de l'impôt dit de fabrication sur les tabacs importés, le dixième du droit de fabrication sur la vente des rhums, et le produit de la taxe dite de consommation doivent être répartis entre toutes les communes de la Colonie proportionnellement à l'importance de leur population;

Sur le rapport du Directeur de l'Intérieur,

Avons arrêté et arrêtons:

Art. 1er. Du 1er juillet 1862 au 30 inclus de juin 1863, seront répartis entre les communes de la Colonie, conformément au tableau suivant:

1° Le dixième du produit de l'impôt dit de fabrication sur les tabacs importés;

2° Le dixième du droit de fabrication sur la vente des rhums, fixé à quatre-vingt deux centimes et demi suivant arrêté en date du 22 décembre 1858, et le produit total de la taxe dite de consommation des rhums (0 f. 25 c.).

DÉSIGNATION des communes.	CHIFFRE de la population	BASE de la répartition	OBSERVATIONS.
Saint-Denis........	37,826	20 72	
Sainte-Marie.......	6,825	3 74	
Sainte-Suzanne.....	7,970	4 36	
Saint-André........	9,984	5 47	
Salazie............	4,961	2 72	
Saint-Benoit.......	20,731	11 35	
Plaine des Palmistes.	1,822	1 »	
Sainte-Rose........	3,626	1 99	
Saint-Paul.........	25,620	14 03	
Saint-Leu..........	7,903	4 33	
Saint-Louis........	15,165	8 30	
Saint-Pierre.......	30,596	16 76	
Saint-Joseph.......	7,753	4 14	
Saint-Philippe.....	2,000	1 09	
Totaux.....	182,582	100 %	

2. Le Directeur de l'Intérieur est chargé de l'exécution du présent arrêté, qui sera publié, enregistré où besoin sera et inséré au *Bulletin officiel* de la Colonie.

Saint-Denis, le 1er juillet 1862.

Baron DARRICAU.

Par le Gouverneur:

Le Directeur de l'Intérieur,

CH. DE LAGRANGE.

N° 1187. — *ARRÊTÉ prescrivant des dispositions sanitaires préventives contre les provenances de Madagascar.*

Du 1er Juillet 1862.

NOUS GOUVERNEUR DE LA RÉUNION,

Vu les dernières nouvelles parvenues de Madagascar et surtout les communications qui ont lieu journellement entre cette île et celles de Maurice et de la Réunion;

Vu notre arrêté du 25 février dernier qui a prescrit des dispositions sanitaires préventives contre les provenances de Maurice, en raison de l'épidémie de choléra qui règne dans cette colonie;

Vu les propositions du Conseil sanitaire;

Vu les articles 16 et 40 de l'ordonnance organique du 21 août 1825, et l'article 9 du sénatus-consulte du 3 mai 1854 qui a réglé la constitution des colonies;

Sur le rapport de l'Ordonnateur,

Avons arrêté et arrêtons ce qui suit:

Art. 1er. Les navires et embarcations quelconques arrivant à la Réunion des divers points de la côte de Madagascar et des îles qui en dépendent, sont soumis aux dispositions de l'arrêté du 25 février 1862 qui a réglé les mesures sanitaires à prendre contre les provenances de l'île Maurice, à raison de l'épidémie de choléra qui règne dans cette colonie, sous les restrictions indiquées ci-après.

2. La quarantaine de *vingt jours* en queue de rade à Saint-Denis, sera imposée à tous ceux des dits navires et embarcations qui se présenteront à la Réunion non munis d'une patente de santé en due forme constatant l'état sanitaire au point de départ et dans les relâches.

Le temps de la traversée depuis la dernière terre en suspicion avec laquelle il y aura eu communication effectuée, sera compris dans la quarantaine, pour les navires et embarcations qui n'auront point eu de cas de maladies épidémiques ou d'un caractère douteux pendant le voyage.

La quarantaine courra du jour de l'arrivée sur la rade de Saint-Denis pour les navires et embarcations dans l'équipage et les passagers desquels se seront présentés des cas de maladies épidémiques ou suspectes pendant la traversée.

3. Les bœufs et autres animaux destinés à l'approvisionnement de la Colonie et arrivant sur des navires dans le cas d'être mis en quarantaine pourront être débarqués à Saint-Paul après avoir été soumis aux moyens de purification à déterminer, suivant les circonstances, par le médecin sanitaire de la localité.

4. L'Ordonnateur, le Directeur de l'Intérieur et le Procureur Général sont chargés, chacun en ce qui le concerne, de l'exécution du présent arrêté qui sera enregistré partout où besoin sera et inséré dans le *Journal officiel* et dans le *Bulletin officiel* de la Réunion.

A Saint-Denis, le 1er juillet 1862.

Baron DARRICAU.

Par le Gouverneur :

L'Ordonnateur,

DESMAZES.

N° 1188. — Par arrêté du Gouverneur en date du 4 juillet 1862, l'indemnité accordée à l'archiviste colonial est portée de 4,000 à 5,500 francs.

N° 1189. — *ARRÊTÉ qui fixe l'allocation de frais de service du chirurgien de la Marine chargé de donner des soins à la Compagnie indigène d'ouvriers du Génie, au Butor, et à la Convalescence militaire de Saint-François.*

Du 8 Juillet 1862.

NOUS GOUVERNEUR DE L'ILE DE LA RÉUNION,

Vu les distances qu'aura à parcourir le chirurgien de la Marine qui va être chargé du service sanitaire de la compagnie indigène d'ouvriers du Génie, au Butor, et de la Convalescence militaire de Saint-François;

Vu les propositions faites à cet égard par M. le Chef du service de santé par intérim;

Sur le rapport de l'Ordonnateur,

Après délibération du Conseil privé,

Avons arrêté et arrêtons ce qui suit:

Art. 1er. L'indemnité de frais de service à allouer au chirurgien de la Marine, chargé du service sanitaire de la Compagnie indigène d'ouvriers du Génie, à la batterie du Butor, et de la Convalescence militaire de Saint-François, est fixée à la somme de 2,400 francs par an.

2. Cette indemnité tient lieu de tous frais quelconques de transport, de voyage et de séjour.

Elle oblige rigoureusement le titulaire à un service de tous les jours au casernement du Butor et à une visite au moins par semaine à St-François.

3. La dépense sera imputée sur les fonds coloniaux: *Chap 1er: Personnel. Art. 2: Services Militaires*, § *Dépenses accessoires.*

4. L'Ordonnateur est chargé de l'exécution du présent arrêté, qui sera enregistré partout où besoin sera et inséré dans le *Bulletin officiel* de la Colonie.

Saint-Denis, le 8 juillet 1862.

Baron DARRICAU.

Par le Gouverneur :

L'Ordonnateur,

Desmazes.

N° 1190. — *ARRÊTÉ portant acceptation de la démission de M. Wislez, maire de Saint-Paul.*

Du 8 Juillet 1862.

Nous Gouverneur de l'Ile de la Réunion,

Vu l'article 11 du sénatus-consulte du 3 mai

1854, qui règle la constitution des colonies ;

Vu la lettre en date du 1er de ce mois, par laquelle M. Wislez nous offre sa démission des fonctions de Maire de la commune de Saint-Paul;

Sur le rapport du Directeur de l'Intérieur,

AVONS ARRÊTÉ ET ARRÊTONS :

Art. 1er. La démission de M. Wislez, Maire de la commune de Saint-Paul, est acceptée.

2. Le Conseil municipal de la commune de Saint-Paul est dissous.

3. Le Directeur de l'Intérieur est chargé de l'exécution du présent arrêté, qui sera publié et inséré au *Bulletin officiel* de la Colonie.

Saint-Denis, le 8 juillet 1862.

Baron DARRICAU.

Par le Gouverneur:

Le Directeur de l'Intérieur,

CH. DE LAGRANGE.

N° 1191. — *ARRÊTÉ portant nomination de M. Lemazurier, lieutenant de vaisseau et aide de camp du Gouverneur, aux fonctions de Commissaire du Gouvernement près de la commune de Saint-Paul.*

Du 8 Juillet 1862.

NOUS GOUVERNEUR DE L'ILE DE LA RÉUNION,

Vu l'article 11 du sénatus-consulte du 3 mai 1854, qui règle la constitution des colonies ;

Vu l'arrêté du 12 novembre 1848 sur l'organisation municipale ;

Vu notre arrêté en date de ce jour, qui accepte la démission de M. Wislez, Maire de la commune de Saint-Paul, et dissout le Conseil municipal de la dite commune ;

Sur le rapport du Directeur de l'Intérieur,

Avons arrêté et arrêtons :

Art. 1er. M. Lemazurier, lieutenant de vaisseau, notre aide-de-camp, est nommé Commissaire du Gouvernement près de la commune de Saint-Paul.

Il est investi de toutes les attributions conférées aux Maires par l'arrêté du 12 novembre 1848, concernant l'organisation municipale.

2. Sont nommés :

Adjoints du Commissaire du Gouvernement faisant fonctions de Maire :

MM. Hoareau (Henri),
Dupont, notaire,
Técher (Adjoint spécial à la Possession);

Conseillers municipaux :

MM. Rétout père,
Langlois aîné,
Troussail,
J. Laprade,
D. Laprade,
Desjardins,
Audrain,
H. Bosse,
D. Sauger,
J. Lelièvre,
Milhet fils,
J.-B. Kanval père,
F. Lacaze,
A. Lambert.

3. Le Directeur de l'Intérieur est chargé de l'exécution du présent arrêté, qui sera publié et inséré au *Bulletin officiel* de la Colonie.

Saint-Denis, le 8 juillet 1862.

Baron DARRICAU.

Par le Gouverneur :

Le Directeur de l'Intérieur,

Ch. de Lagrange.

N° 1192. — Par arrêté du Gouverneur en date du 9 juillet 1862, le sous-officier et les gendarmes composant la résidence d'Hell-Bourg jouiront de l'indemnité de déplacement.

N° 1193. — *ARRÊTÉ relatif à l'école de filles créée à Salazie.*

Du 12 Juillet 1862.

Nous Gouverneur de l'île de la Réunion,

Vu l'art. 34 de l'ordonnance du 21 août 1825;

Vu le budget du service local pour l'exercice 1862;

Vu la lettre de l'Inspecteur de l'instruction publique en date du 8 juillet 1861,

Sur le rapport du Directeur de l'Intérieur,

Avons arrêté et arrêtons :

Art 1er. La sœur de Saint-Joseph, qui dirige la petite école créée à Salazie le 1er mai 1861, sera mise en solde à compter du 1er janvier 1862, et la dépense sera imputée au budget du service local: *Section* 1re: *Dépenses obligatoires.* — *Chapitre* 1er: *Personnel.* — *Écoles primaires.*

2. Il est alloué à la sœur supérieure de Saint-Joseph une somme de 685 francs pour remboursement des frais d'installation de la dite école. Cette dépense sera imputable sur le budget du service local: *Chapitre* 2: *Matériel.* — *Art.* 3: *Loyers, mobiliers, etc.*

3. Le Directeur de l'Intérieur est chargé de l'exécution du présent arrêté qui sera déposé au Contrôle colonial.

Saint-Denis, le 12 juillet 1862.

Baron DARRICAU.

Par le Gouverneur:

Le Directeur de l'Intérieur,

Ch. de Lagrange.

N° 1194. — *ARRÊTÉ portant fixation des heures d'ouverture des bureaux des douanes de la Colonie.*

Du 19 Juillet 1862.

Nous Gouverneur de l'Ile de la Réunion,

Vu l'article 9 du sénatus-consulte du 3 mai 1854;

Vu l'arrêté local du 25 novembre 1851 qui fixe les heures d'ouverture et de fermeture des bureaux de la Douane;

Vu notre arrêté du 30 octobre 1861 qui modifie le tarif des droits d'octroi;

Considérant que le service des douanes reçoit une rémunération particulière pour la perception des droits d'octroi et qu'il est juste dès lors qu'il suffise, sans renfort de personnel, à l'augmentation de travail résultant du nouveau tarif;

Sur la proposition du Directeur des Douanes,

Sur le rapport du Directeur de l'Intérieur,

Avons arrêté et arrêtons:

Art. 1er. Les heures d'ouverture des trois bureaux des Douanes de la Colonie sont fixées de la manière suivante:

Du 1er mai au 31 octobre: de 7 heures 1/2 à 10 heures du matin et de midi à 5 heures du soir.

Du 1er novembre au 30 avril: de 7 heures à 10 heures du matin et de 1 heure à 5 heures 1/2 du soir.

2. Le Directeur de l'Intérieur est chargé de l'exécution du présent arrêté, qui sera enregistré partout où besoin sera, inséré au *Journal* et au *Bulletin officiels* de la Colonie.

Saint-Denis, le 19 juillet 1862.

Baron DARRICAU.

Par le Gouverneur:

Le Directeur de l'Intérieur,

Ch. de Lagrange.

N° 1195. — ARRÊTÉ *portant concession de prise d'eau dans la ravine la Verdure à MM. Ch. Maureau et Em. Mazérieux.*

Du 28 Juillet 1862.

NOUS GOUVERNEUR DE L'ILE DE LA RÉUNION,

Vu l'article 137 de l'ordonnance du 31 août 1828 sur le mode de procéder devant les conseils privés;

Vu les articles 30 et 31 du décret colonial du 5 août 1839 sur les concessions de biens domaniaux;

Vu la requête formée par MM. Charles Maureau et Émile-Pierre Mazérieux, propriétaires à Saint-François (commune de Saint-Denis), la dite requête enregistrée au Secrétariat du Conseil privé le 9 décembre 1861, sous le n° 599, et tendant à obtenir la concession de sept litres d'eau à la seconde à prendre dans la ravine « la Verdure »;

Vu le plan des lieux joint à la dite requête;

Attendu que la demande dont il s'agit a été affichée pendant six semaines aux Mairies de St-Paul, Saint-Denis et Sainte-Marie et que pendant ce délai il n'est survenu aucune opposition;

Vu l'avis favorable de l'Ingénieur chef du service des ponts-et-chaussées,

Sur le rapport du Directeur de l'Intérieur;

Le Conseil privé entendu,

AVONS ARRÊTÉ ET ARRÊTONS:

Art. 1er. Il est accordé à MM. Charles Maureau et Émile Mazérieux, propriétaires à Saint-François (commune de Saint-Denis), la concession d'un volume d'eau de sept litres à la seconde à prendre dans la ravine « la Verdure », à l'endroit indiqué au plan sus-mentionné, sous la réserve des droits des tiers, et à la condition que les concessionnaires ne pourront prétendre à aucune indemnité dans le cas où, pour des motifs d'intérêt général, l'Administration aurait à restreindre ou même à supprimer complètement la concession qui leur est faite.

2. Les travaux à faire pour la conduite d'eau seront solidement établis et exécutés sous la direction et la surveillance des agents des ponts-et-chaussées; ils devront être terminés dans le délai d'un an, à peine de déchéance.

Après leur confection, MM. Maureau et Mazérieux devront, à leurs frais, faire constater leur état par un rapport de l'Ingénieur en chef, dont une expédition sera déposée au Contrôle et l'autre à la Direction de l'Intérieur.

3. Le Directeur de l'Intérieur est chargé de l'exécution du présent arrêté, qui sera inséré au *Bulletin officiel* de la Colonie et déposé au Contrôle.

Saint-Denis, le 28 juillet 1862.

Baron DARRICAU.

Par le Gouverneur:

Le Directeur de l'Intérieur,

CH. DE LAGRANGE.

N° 1196. — Par arrêté du Gouverneur, en date du 29 juillet 1862, un prélèvement temporaire de cent mille francs a été autorisé sur la caisse de réserve.

N° 1197. — *ARRÊTÉ ordonnant la réouverture de la Convalescence militaire de Saint-François.*

Du 30 Juillet 1862.

NOUS GOUVERNEUR DE L'ILE DE LA RÉUNION,

Attendu que les travaux de restauration des bâtiments de la Convalescence militaire de Saint-

François sont terminés, ainsi que la confection de la route qui y conduit de Saint-Denis;

Vu la dépêche ministérielle du 6 juillet 1854 et les arrêtés locaux des 19 octobre 1855 et 19 mars 1856 qui ont réglé l'administration du dit établissement comme annexe de l'Hôpital militaire de Saint-Denis;

Vu les articles 15 et 86, § 10, de l'ordonnance organique du Gouvernement de la Réunion du 21 août 1825;

Sur le rapport de l'Ordonnateur,

Avons arrêté et arrêtons ce qui suit:

Art. 1er. La Convalescence militaire de Saint-François, annexe de l'Hôpital militaire de Saint-Denis, est rouverte. Les locaux en seront immédiatement mis à la disposition du Conseil d'administration du 4e régiment d'infanterie de marine.

2. Cet établissement continuera à être administré par le dit Conseil d'administration, conformément aux dispositions des arrêtés du 19 octobre 1855 et 19 mars 1856, sauf les additions et modifications ci-après:

3. L'allocation de 0 f. 30 par jour et par homme au compte du service des hôpitaux, destinée à améliorer l'ordinaire, est accordée au sergent surveillant et aux deux soldats placés sous ses ordres comme infirmier et cuisinier.

4. Le chirurgien aide-major de l'infanterie de marine chargé, sous l'inspection du chef du service de santé, de donner ses soins aux militaires, marins et agents divers envoyés à la Convalescence, sera tenu de se transporter à l'établissement toutes les fois qu'il y aura nécessité, sur l'ordre du Commandant de l'infanterie de marine et régulièrement une fois par semaine.

Chacune de ces dernières visites sera constatée par un rapport adressé au Chef du service de santé et au Commandant de l'infanterie de marine.

Il est pourvu par l'allocation accordée par l'arrêté du 8 juillet 1862, au chirurgien aide-major de l'infanterie de marine, à tous les frais de voyage et de séjour auxquels donnera lieu ce service spécial.

5. L'Ordonnateur est chargé de l'exécution du présent arrêté qui sera enregistré partout où besoin sera et inséré au *Bulletin officiel* de la Colonie

Saint-Denis, le 30 juillet 1862.

Baron DARRICAU.

Par le Gouverneur :

L'Ordonnateur,

DESMAZES.

N° 1198.— *ORDRE qui charge le chirurgien aide-major de l'infanterie de marine, du service sanitaire de la Compagnie indigène d'ouvriers du Génie et de la Convalescence militaire de Saint-François.*

Du 30 Juillet 1862.

NOUS GOUVERNEUR DE L'ILE DE LA RÉUNION,

Vu les divers ordres ministériels concernant le service sanitaire des corps de la garnison;

Vu l'arrêté du 9 août 1859 portant affectation d'un officier de santé de la Marine, aux divers services sanitaires placés en dehors des hôpitaux militaires et maritimes, et organisation de ce nouveau service;

Vu la nécessité de modifier ces dispositions en ce qui concerne la Compagnie indigène d'ouvriers du Génie, casernés en dehors de la ville de St-Denis, et la Convalescence de St-François;

Sur le rapport de l'Ordonnateur,

ORDONNONS ce qui suit:

Art. 1er. Le chirurgien aide-major placé près

de la portion expéditionnaire du 4e régiment d'infanterie de marine, est chargé, outre le service sanitaire de ce corps, de celui de la Compagnie indigène d'ouvriers du Génie, au Butor, et de la Convalescence militaire de Saint-François.

2. Le service de la Compagnie indigène d'ouvriers du Génie se fera chaque jour, conformément aux prescriptions des règlements sur le service intérieur des troupes d'infanterie.

Celui de la Convalescence de Saint-François aura lieu sous l'inspection et la surveillance du Chef du service de santé de la Marine. Les visites à l'établissement seront faites, toutes les fois qu'il y aura nécessité, sur l'ordre du commandant de la portion expéditionnaire du 4e régiment d'infanterie de marine. Quatre visites par mois seront toutefois obligatoires: elles seront constatées par un rapport adressé chaque fois au Chef du service de santé de la Marine et au Commandant de l'infanterie de marine.

3. Il est pourvu aux frais de route, de séjour et autres quelconques de ces déplacements, au moyen de l'allocation réglée par l'arrêté du 8 de ce mois et qui courra à dater de l'exécution du présent ordre.

4. Toutes dispositions antérieures contraires à celles ci-dessus sont et demeurent rapportées.

5. L'Ordonnateur est chargé de l'exécution du présent ordre, qui sera enregistré partout où besoin sera et inséré au *Bulletin officiel* de la Colonie.

Saint-Denis, le 30 juillet 1862.

Baron DARRICAU.

Par le Gouverneur :

L'Ordonnateur,

DESMAZES.

N° 1199. — *MERCURIALE des denrées et productions coloniales, d'après laquelle la Douane aura à percevoir les droits de sortie pendant le mois de juillet* 1862.

NATURE DES DENRÉES ET DES PRODUCTIONS DE L'ILE DE LA RÉUNION.	ESPÈCE des unités.	PRIX. F. C.
Denrées coloniales.		
Café	les 100 kil.	160 »
Cacao	id.	100 »
Épices diverses.. { Pimens.... / Ravensara . }	id.	100 »
Girofle (clous de)	id.	60 »
Girofle (griffes de)	id.	15 »
Macis	id.	225 »
Muscades	id.	100 »
Miel de toute sorte	le litre	1 75
Vanille	le kilogram.	22 »
Sucre premier type	les 100 kil.	53 »
Sucre deuxième type	id.	49 »
Sucre troisième type	id.	24 »
Pommes de terre et oignons	id.	13 »
Légumes secs	id.	25 »
Produits industriels.		
Chocolat	id.	250 »
Huile essentielle de girofle	le litre	3 »
Sacs de vacoa	les 100 sacs	20 »

Fait à Saint-Denis, le 28 juin 1862.

Les Membres de la Commission présents,

Signé : BRIENNE, directeur, CARTIER, GAMIN, BERTHO, HUSSON et LHUILLIER.

Approuvé en séance du Conseil privé, le 1er juillet 1862.

Le Gouverneur,

Baron DARRICAU.

Par le Gouverneur :

Le Directeur de l'Intérieur,

CH. DE LAGRANGE.

N° 1200. — *MERCURIALE des marchandises étrangères, d'après laquelle la Douane aura à percevoir les droits d'entrée pendant le mois de juillet 1862.*

DÉSIGNATION DES MARCHANDISES.	UNITÉS.	PRIX.	DROITS par navires français.	DROITS par navires étrangers.
		f. c.		
Tortues des Séchelles....	Le kilog.	75	exempt	10 %
Tortues de Madagascar...	La tête	1	Id.	Id.
Gibier, volailles..........	Id.	1 25	Id.	Id.
Dindons et poules d'Inde..	Id.	5	Id.	Id.
Oies.....................	Id.	4	Id.	Id.
Canards..................	Id.	2	Id.	Id.
Laine en masse pour matelas	Le kilog.	2	20 %	30 %
Nattes de jonc et d'écorce......	La pièce	3	6 %	10 %
Nattes pour parquets en rotin....	Le m. carré	6	Id.	Id.
Nattes pour parquets en bambou...	Id.	4	Id.	Id.
Nattes Persiennes.... en rotin.....	Id.	6	6 %	Id.
Nattes Persiennes.... en bambou...	Id.	4	Id.	Id.
Nattes fines...................	La pièce	2	Id.	Id.
Nattes communes............	Id.	1	Id.	Id.
Vannerie. — Paniers en rotin à linge................	Id.	12	Id.	Id.
Chaudières de fonte et de potin..................			15 %	25 %
Moulins à égrener.........			Id.	Id.
Pompes en bois non garnies.			Id.	Id.
Voitures à quatre roues riches.....	Id.	3500	20 %	30 %
Voitures à quatre roues ordinaires.	Id.	2500	Id.	Id.
Cabriolets riches.........	Id.	1500	Id.	Id.
Cabriolets ordinaires.....	Id.	1000	Id.	Id.
Objets de collection.......	Id.		1 %	2 %
Cabarets en bois laqué, avec dessins en or, du Japon.	Id.		12 %	prohib.
Balais en crins de coco, manche bambou........	La douzaine	18	Id.	Id.
Bateaux chinois, en racine de bambou, avec sculptures représentant personnages................	La pièce	30	Id.	Id.
Bateaux en ivoire, représentant les bateaux de plaisance des Chinois........	Id.	100	Id.	Id.
Bandèges en bambou peint.	Le jeu de 3	9	Id.	Id.
Boîtes à whist et jetons en ivoire sculpté.... 1re qualité	La boîte	50	Id.	Id.
Boîtes à whist et jetons en ivoire sculpté.... 2e idem.	Id.	20	Id.	Id.
Boîtes en bois rouge, laquinées, avec sculptures (petites ou moyennes)...	Id.	15	Id.	
Boîtes de coquilages......	Id.	5	Id.	
Boîtes à insectes, cadre en verre, contenant toutes				Id. Id

DÉSIGNATION DES MARCHANDISES.	UNITÉS.	PRIX.	DROITS par navires français.	DROITS par navires étrangers.
		f. c.		
sortes d'insectes.........	La boîte		12 %	prohib.
Boîtes recouvertes d'un tissu de soie, contenant peintures, pinceaux, etc.......	Id.	15	Id.	Id.
Boîtes jeux d'enfants, en carton ou bois peint, contenant petits instruments en cuivre, etc...........	Id.	12 50	Id.	Id.
Boîtes à mouchoirs, en bois laqué, dessins de personnages et de fleurs en or...	Id.	15	Id.	Id.
Boîtes à thé en bois laqué, dessins, etc. { ordinaires.		10		
Boîtes à thé en bois laqué, dessins, etc. { à 2 compartiments, riches...	Id.	35	Id.	Id.
Boîtes à thé en bois laqué, dessins, etc. { à 4 compartiments.	Id.	50	Id.	Id.
Boîtes à ouvrage, en bois laqué, dessins en or sur or, garnis en ivoire ou en os.	Id.	60	Id.	Id.
Boîtes communes à ouvrage.	Id.	20	Id.	Id.
Boîtes à cigares, en bois laqué, dessins en or sur or, l'intérieur garni d'une boîte en plomb............	Id.	6	Id.	Id.
Boîtes à jeu, en bois laqué, dessins en or sur or......	Id.	45	Id.	Id.
Boîtes à tabac à fumer, en cuivre, avec incrustations de nacre du Japon.......	Id.	20	Id.	Id.
Boîtes à priser, en cuivre, avec incrustations de nacre du Japon...............	Id.	20	Id.	Id.
Boîtes à francs-maçons, cadres en bois avec incrustations de nacre du Japon..	Id.	60	Id.	Id.
Albums { de 12 feuilles....		18	Id.	Id.
Albums { de 24 feuilles....		30	Id.	Id.
Boîtes contenant 10 tasses en bois, bois laqué, servant de tasses à thé, avec incrustations de nacre du Japon.................	Id.	30	Id.	Id.
Bonnets de mandarins, toques en velours, garnis en soie, boutons de diverses couleurs...............	La pièce	5	Id.	Id.
Cabarets en laque rouge...	Id.	10	Id.	Id.
Cabinets pour enfants, petites armoires à tiroirs, en				

DÉSIGNATION DES MARCHANDISES.	UNITÉS.	PRIX.	DROITS par navires français.	DROITS par navires étrangers.
		f. c.		
bois laqué, avec dessins en or....	La pièce	40	12 %	prohib.
Cages à oiseaux en rotin très fin imitant le fil de fer....	Le jeu de 4	10	Id.	Id.
Chapelets noirs faits en noix de coco du Japon........	La pièce	10	Id.	Id.
Cahiers en ivoire, peints, représentant figures et costumes chinois...........				Id. Id.
Casse-têtes, en bois de sandal, en os ou en ivoire...	Id.	5	Id.	
Cassettes incrustées de pierres de Nankin, représentant des personnages, etc....	Id.	125	Id.	Id.
Colliers en bois de sandal..	Le kilog.	20	Id.	Id.
Corbeilles à pain, en bois laqué, avec dessins en or — laque noire.	Le jeu de 3	12	Id.	Id.
Corbeilles à pain, en bois laqué, avec dessins en or — laque rouge.	Id.	25	Id.	Id.
Couverts chinois, composés du couteau, des 2 bâtons et de cure-dents en os ou en ivoire................	La pièce	2 50	Id.	Id.
Couteaux à beurre, en ivoire ou en nacre, manche sculpté................	Id.	7 50	Id.	Id.
Cuillers à thé, en bois laqué, avec incrustations en nacre du Japon..........	Id.	1	Id.	Id.
Cuillers à moutarde, en nacre ou en ivoire.........	Id.	2	Id.	Id.
Echiquiers en bois laqué, dessins en or sur or......	Id.	12 50	Id.	Id.
Ecrans en plumes coloriées et à manche d'ivoire......	Id.	6	Id.	Id.
Ecrans en tissus de soie, manche en ivoire sculpté.	Id.	10	Id.	Id.
Encre chinoise...........	Les 6 bât.	5	Id.	Id.
Encriers en bois laqué, avec dessins en or...........	La pièce	10	Id.	Id.
Enseignes en bois laqué, avec dessins en or.......	Id.	200	Id.	Id.
Etuis en ivoire sculpté, représentant personnages — petits..	Id.	1	Id.	Id.
Etuis en ivoire sculpté, représentant personnages — grands.	Id.	5	Id.	Id.
Eventails de toutes sortes, avec dessins en or sur or — en os.....	Id.	5	Id.	Id.
Eventails de toutes sortes, avec dessins en or sur or — en plumes.	Id.	8	Id.	Id.
Eventails de toutes sortes, avec dessins en or sur or — en laque..	Id.	12	Id.	Id.
Eventails de toutes sortes, avec dessins en or sur or — en sandal.	Id.	15	Id.	Id.
Eventails de toutes sortes, avec dessins en or sur or — en ivoire..	Id	20	Id.	Id

DÉSIGNATION DES MARCHANDISES.	UNITÉS.	PRIX.	DROITS par navires français.	DROITS par navires étrangers.
Feuilles de bétel peintes et représentant fleurs, oiseaux, personnages, etc.	La boîte	f. c. 6	12 %	prohib.
Feuilles de papier de riz peintes, représentant fleurs, oiseaux, personnages, etc.	Le c. de 12 f.	25	Id.	Id.
Fiches en ivoire et en nacre.	Le jeu	50	Id.	Id.
Fleurs en ivoire..........	La d. de pots	75	Id.	Id.
Jeux d'échecs en ivoire ou en os, simples, non montés sur boules...........	Le jeu	15	Id.	Id.
Jeux d'échecs en ivoire, montés sur boules en ivoire les unes dans les autres.	Id.	80	Id.	Id.
Jeux d'échecs en ivoire (1re grandeur), dits montres.	Id.	400	Id.	Id.
Jeux de fiches en nacre, avec dessins imprimés ou sculptés....................	Id.	25	Id.	Id.
Jeux de bagues en os ou en ivoire.................	Id.	3	Id.	Id.
Jeux diablotins en os ou en ivoire.................	Id.	3	Id.	Id.
Joss-tick, allumettes composées de sciure de bois et colle de fiente de vache ..	Le kilog.	2 50	Id.	Id.
Joss-tick à odeur sandal, allumettes composées de sciure de bois de sandal et colle de fiente de vache..	Id.	5	Id.	Id.
Instruments de musique (espèce de guitare).........	La pièce	4	Id.	Id.
Espèce de fauteuils à tiroirs en bambou.............	Id.	30	Id.	Id.
Lanternes chinoises en tissu de soie extrêmement léger, peintures diverses........ carrées.	Id.	20	Id.	Id.
Lanternes chinoises en tissu de soie extrêmement léger, peintures diverses........ rondes.	Id.	5	Id.	Id.
Malles en carton, composition carton peint et verni imitant le cuir..........	Le jeu de 5	40	Id.	Id.
Malles de camphre, en bois de camphre, recouvertes en cuir, pour la conservation des habits et du linge...................	Id.	200	Id.	Id.
Malles de camphre, en bois de camphre, avec coins en cuivre, sans cuir........	Id.	150	Id.	Id.

DÉSIGNATION DES MARCHANDISES.	UNITÉS.	PRIX.	DROITS par navires français.	DROITS par navires étrangers.
		f. c.		
Mousse du Japon..........	Le kilog.	15	12 %.	prohib.
Paniers en écaille travaillée à jour................	La pièce	70	Id.	Id.
Paniers à linge, en petit rotin fendu en plusieurs parties....................	Le jeu de 3	30	Id.	Id.
Parapluies chinois en papier peint et huilé, manches bambou................	La pièce	3	Id.	Id.
Paravents, bordure en laque, fond en papier....	Id.	60	Id.	Id.
Petits bateaux faits en noix de coco, et représentant les bateaux des Tancadaires.....	Id	5	Id.	Id.
Peignes en écaille (grands et petits)..............	Id.	5	Id.	Id.
Petits magots en pierre tendre et propres à détacher la soie......	Id.	2	Id.	Id.
Petits animaux en plâtre peint..................	Les mille	50	Id.	Id.
Petits garde-manger, l'extérieur garni de paille du Japon................	La pièce	25	Id.	Id.
Persiennes en rotin très fin, dessins de toutes sortes..		4	Id.	Id.
Peintures sur papier de riz.	La feuille	2 50	Id.	Id.
Petits plateaux pour bouteilles, en bois laqué, dessins en or.............	La pièce	2	Id.	Id.
Pipes chinoises, tuyaux en bambou et rotin, pipes composition étain, cuivre, etc....................	Id.	2	Id.	Id.
Plateaux pour plats, en rotin tissé très fin........	Le jeu de 4 ou 5	5	Id.	Id.
Plateaux pour plats, en bois laqué avec dessins en or sur or.................	Id.	60	Id.	Id.
Porte-cartes de visites en écaille imprimée et incrustée, intérieur garni en soie.....................	La pièce	10	Id.	Id.
Porte-cartes de visites en ivoire sculpté..........	Id.	10	Id.	Id.
Porte-cartes de visites en nacre plaquée et incrustée.	Id	5	Id.	Id.
Porte-cartes en laque, avec dessins en or sur or......	Id		d.	Id

DÉSIGNATION DES MARCHANDISES.	UNITÉS.	PRIX.	DROITS par navires français.	DROITS par navires étrangers.
Porte-montres en bois laqué et dessins or sur or......	Le jeu de 4 ou 5	8	12 %	prohib.
Porte-joss-tick, sorte de bateaux en bois laqué contenant allumettes, intérieur garni de plomb.........	Id.	3	Id.	Id.
Porte-éventails en carton, extérieur garni en soie brodée................	Id.	2	Id.	Id.
Porte-tabac en carton, extérieur garni en soie brodée...................	Id.	5	Id.	Id.
Porte-cigares communs.	La pièce	3	Id.	Id.
Porte-cigares fins.......	Id.	10	Id.	Id.
Poupées représentant des petits Japonais..........	Id.	5	Id.	Id.
Pupitres en bois laqué, dessins en or sur or.. pour dames..	Id.	30	Id.	Id.
Pupitres en bois laqué, dessins en or sur or.. pour hommes.	Id.	50	Id.	Id.
Pupitres en bois de racine, garniture extérieure en cuivre..................	Id.	60	Id.	Id.
Sacoches en ivoire, porte-flacons d'odeurs sculptés à jour....	Id.	20	Id.	Id.
Semainiers en ivoire, travaillés à jour et sculptés..	Id.	100	Id.	Id.
Semainiers en bois de sandal, avec incrustations riches..................	Id.	75	Id.	Id.
Semainiers en bois laqué avec incrustations riches.	Id.	12 50	Id.	Id.
Souliers chinois imitant les pieds des femmes chinoises, faits en plâtre et recouverts de soie.........	La paire	5	Id.	Id.
Tables en bambou........	Le jeu de 6	10	Id.	Id.
Tabatières en écaille, avec incrustations représentant personnages............	La pièce	30	Id.	Id.
Tables-guéridons en bois laqué, dessins or sur or. Les tables entrent les unes dans les autres..........	Le jeu de 4	50	Id.	Id.
Tables à échiquier, avec dessins or très riches, garnies de nacre, pour les jetons..	La pièce	225	Id.	Id.
Tables à thé, en bois laqué, dessins en or sur or......	Id.	60	Id.	Id.

DÉSIGNATION DES MARCHANDISES.			UNITÉS.	PRIX.	DROITS par navires français.	DROITS par navires étrangers.
				f. c.		
Tables à ouvrage, en bois laqué, dessins or sur or.....	1re qualité.		La pièce	175	12 %	prohib.
	2e idem..		Id.	100	Id.	Id.
Tableaux, intérieurs chinois, peintures sur toile représentant personnages, etc....................			Id.	20	Id.	Id.
Tableaux, vues de Canton, Macao, Boca, Tigris, etc., peintures sur toile.......			Id.	20	Id.	Id.
Tableaux, paysages chinois.			Id.	20	Id.	Id.
Tableaux sur verre, encadrement en bois sculpté..			Id.	10	Id.	Id.
Tableaux en paille de couleur, cadres en bois laqué du Japon..............			Id.	125	Id.	Id.
Vide-poches en écaille ou ivoire, sculptés à jour....			La paire	30	Id.	Id.
Toiles et percales blanches et écrues....	Conjons	Nos 14	La pièce de 31 à 33 mètres et au-dessous.	22	20 %	Id.
		16		22	Id.	Id.
		18 et 19		22	Id.	Id.
		23		30	Id.	Id.
		26		30	Id.	Id.
		30		40	Id.	Id.
		36		50	Id.	Id.
	Ecrues.....		La p. de 15 à 16 m.	7	Id.	Id.
Filature blanche et écrue..			Id.	6	Id.	Id.
Salem-poor..............			Id.	7	Id.	Id.
Percale bleue, dite *sandercana*..................			La p. de 8m et au-dessous.	4 50	Id.	Id.
Percale bleue ordinaire....					Id.	Id.
Toiles à carreaux..........			La p. de 15 à 16 m.	5	Id.	Id.
Mouchoirs dits *burgos*.....			La p. de 8 m.	2	Id.	Id.
Pantalons et chemises de toile grossière, servant au vêtement des travailleurs.			La pièce	1 50	Id.	Id.
Toiles à voiles, de coton...			Le mètre	0 70	Id.	Id.
Guinées ou toiles bleues	Filature.....		La p. de 15 à 16 m.	12 50	12 %	Id.
	Salem.......		Id.	8	Id.	Id.
	Oréarpoléon.		Id.	8	Id.	Id.
	Conjons.....		Id.	10	11	Id.
Meubles..	Fauteuils à dossier renversé, de Pondichéry.		La pièce	20	10 %	Id.
	Fauteuils droits		Id.	15	Id.	Id.
	Chaises.......		Id.	6	Id.	Id.

M. A. Chassagne fils est nommé courtier d'assurances à Saint-Denis (Ile de la Réunion).

— Par dépêche ministérielle en date du 17 juin 1862. M. Loizeau, vérificateur des Douanes, est autorisé à se rendre en France en congé pour affaires personnelles.

— Par arrêté de S. Exc. le Ministre des Finances, en date du 19 juin 1862,

M. de Gaillande (Julien), sous-inspecteur divisionnaire des Douanes, a été promu au grade d'inspecteur.

— Par arrêté du Gouverneur, en date du 1er juillet 1862, est acceptée la démission offerte par M. Toyon de son emploi de commis temporaire à la Direction de l'Intérieur.

— Par arrêté du Gouverneur, en date du 4 juillet 1862 :

1° M. Le Cordier, conducteur de 3e classe des ponts-et-chaussées, est promu à la 2e classe de son grade ;

2° MM. Déramond et Arnaud, agents secondaires de 2e classe dans le même service, sont élevés à la 1re classe de leur emploi.

— Par arrêté du Gouverneur, en date du 10 juillet 1862, M. Charles Parent est nommé membre de la Commission des morues, en remplacement de M. Boyer, démissionnaire.

— Par arrêté du Gouverneur, en date du 15 juillet 1862, MM. Burel, Demahy et Célières ont été nommés, le premier, vice-président de la Commission des morues à Saint-Pierre, les deux autres, membres suppléants.

— Par arrêté du Gouverneur, en date du 15 juillet 1862, M. K/ourio, préposé-surveillant de la fabrication et de la vente des rhums, est révoqué de ses fonctions.

— Par décision du Directeur de l'Intérieur, en date du 16 juillet 1862, M. Tardy, prêtre, est nommé aumônier de l'Hôpital colonial à compter du 1er avril 1862.

— Par arrêté du Gouverneur, en date du 17 juillet 1862, MM. Mondon (Charles), Dejean (Joseph-Auguste) et Cazeau (Théodore) ont été nommés préposés-surveillants de la fabrication et de la vente des rhums.

— Par arrêté du Gouverneur, en date du 18 juillet 1862, M. Carle (Antoine) est nommé agent de change à Saint-Benoit, en remplacement de M. Carle (Marius), son père, décédé.

— Par arrêté du Gouverneur, en date du 20 juillet 1862, MM. Neuville (Médéric), Lebarbier (Adolphe) et Désaubin (Amand) ont été nommés employés auxiliaires provisoires du service des Contributions.

— Par arrêté du Gouverneur, en date du 23 juillet 1862, M. Bache (François-Erfort), commissaire de police adjoint à Saint-Benoit, est nommé commissaire de police de commune à Salazie, en remplacement de M. Th. Cazeau, appelé à d'autres fonctions.

— Par arrêté du Gouverneur, en date du 24 juillet 1862, M. Jules Bourayne, docteur médecin, a été nommé membre de la Commission des morues à Saint-Pierre, en remplacement de M. Barquisseau, démissionnaire.

— Par arrêté du Gouverneur, en date du 24 juillet 1862, la démission offerte par M. Bégue (Aristide), préposé-surveillant de la fabrication et de la vente des rhums, est acceptée à compter du 21 mai, date à laquelle il a cessé ses fonctions.

— Par arrêté du Gouverneur, en date du 25 juillet 1862, M. d'Esménard, chef de bureau à la Direction de l'Intérieur, a été élevé à la 1re classe de son grade.

Administration de la Justice.

— Par arrêté du Gouverneur, en date du 4 juillet 1862, enregistré à la Cour le lendemain, M. le conseiller Hurtrel et M. le conseiller-auditeur Terral ont été désignés pour compléter, pendant le 2e semestre de l'année courante, le Conseil privé constitué en Conseil du contentieux administratif et en Commission d'appel.

— Par arrêté du Gouverneur, en date du 19 juillet 1862, le sieur Jude (Hyppolyte), commis greffier du Tribunal de première instance de Saint-Denis, a été nommé secrétaire au Parquet du Procureur Impérial, à Saint-Denis, en remplacement du sieur Jude (Aimé), nommé greffier au Tribunal de Mayotte.

ERRATUM.

Bulletin officiel de mai 1862, page 296, lignes 9, 10 et 11,

Au lieu de :

.... M. Berhau, contrôleur de 1re classe, a été promu *au grade d'inspecteur* des contributions à l'île de la Réunion,

Lisez :

Au grade de sous-inspecteur.

CERTIFIÉ CONFORME :

Le Contrôleur colonial.

DESROBERT.

www.ingramcontent.com/pod-product-compliance
Ingram Content Group UK Ltd.
Pitfield, Milton Keynes, MK11 3LW, UK
UKHW020950180726
13838UKWH00003B/1240